新型职业农民科技培训教材

机 防 手

主　　编　罗林明　廖华明

参编人员　蒋　凡　伍亚琼

徐　翔　彭丽年

电子科技大学出版社

图书在版编目（CIP）数据

机防手 / 《新型职业农民科技培训教材》编委会编.
—成都：电子科技大学出版社，2012.7 （2016.8重印）
中国农民工职业教育培训教材
ISBN 978-7-5647-1252-5

Ⅰ.①机… Ⅱ.①农… Ⅲ.①植保机具－技术培训－教材 Ⅳ.①S49

中国版本图书馆CIP数据核字（2012）第153227号

新型职业农民科技培训教材

机 防 手

《新型职业农民科技培训教材》编委会 编

出　　版：电子科技大学出版社（成都市一环路东一段159号电子信息产业大厦　邮编：610051）
策划编辑：辜守义
责任编辑：辜守义
主　　页：www.uestcp.com.cn
电子邮箱：uestcp@uestcp.com.cn
发　　行：新华书店经销
印　　刷：四川经纬印务有限公司
成品尺寸：130mm×195mm　印张 4　字数 86 千字
版　　次：2012年8月第一版
印　　次：2016年8月第五次印刷
书　　号：ISBN 978-7-5647-1252-5
定　　价：7.60 元

新型职业农民科技培训教材

编委会

编者的话

为贯彻落实中央1号文件和全国农业科技教育工作会议精神，加快培育新型职业农民，推进现代农业发展，保障国家粮食安全和主要农产品有效供给，“以传播农业知识，提高农民素质，促进农业生产，增加农民收入”为宗旨，我们组织有关职业技术院校的涉农专业教师和长期从事农业技术推广工作的资深专家，编写了这套具有较强针对性和实用性，又便于农民朋友学习、提高的培训教材，供各地开展新型职业农民培训时选用。

该套教材采用了国家最新标准、法定计量单位和最新名词、术语，并注重行业针对性和实用性，力求做到内容浅显易懂、图文并茂，让农民朋友易于学习、掌握。该套教材共涵盖种植、养殖、加工、农产品安全等四个大类，共20多种，是目前国内同类教材中最新的一套培训系列教材。

由于编写时间较为仓促，教材中难免存在不足和错误，诚望各位专家和广大读者批评指正。

《新型职业农民科技培训教材》编委会

2012年7月

目录
MULU

第一章
农作物主要病虫草害识别与防治

第一节　水稻病虫害

一、水稻稻瘟病

稻瘟病又称稻热病、火烧瘟、吊头瘟、掐颈瘟等，流行年份一般减产10%~20%，重病田块水稻成片枯死，甚至颗粒无收。

（一）症状

秧苗期，发病后水稻变成黄褐色而枯死，不形成明显病斑；潮湿时，可长出青灰色霉。叶片斑点主要有两种：一是急性型病斑，呈暗绿色，多数近圆形或椭圆形，病斑上密生青灰色霉层；二是慢性型病斑，为梭形或长梭形，外围有黄色晕圈，内部为褐色，中心灰白色，有褐色坏死线贯穿病斑并向两头延伸，这是本病的一个重要特征。在气候潮湿、施氮肥过量的情况下，生长嫩绿的稻田易发生急性型病斑；而在空气干燥的情况下，病害扩展慢，一般急性型病斑发展成慢性型病斑。另外还有两种病斑：一是白点型，为白色圆形病斑，在发病初期，环境条件不适的情况下产生；二是褐点型病斑，为褐色小点，多局限于叶脉间，常发生在抗病品种上。这两种类型的病斑都不产生分生孢子。叶鞘斑点常发生在叶鞘与叶片相连接的部分，向叶片和叶鞘两方扩展，即称“叶枕瘟”。茎节病斑在茎节上生成黑褐色或黑色斑点，病斑在节上成环状蔓延后，整个节变为黑色，致使茎节折断，穗干枯。穗颈病斑常在穗下第一节穗颈上产生，其中淡褐色或墨绿色的变色部分影响结实，形成白穗。分枝或小枝也可发病，影响病枝结实。谷粒病斑发病早的易辨认，病斑为椭圆形，边缘呈暗褐色，中部为灰白色。

（二）防治

1. 种子处理。稻种应从无病田或轻病田中留选，并进行浸种消毒。

2. 选用抗病品种。选用抗病品种是防治稻瘟病的经济有效措施，也是综合防治的关键措施。

3. 加强栽培管理，提高水稻抗病能力。栽培时保证基肥，合理施用氮、磷、钾肥，促使水稻植株健康生长；配合水的管理，创造不利于稻瘟病发生和流行的环境条件。

4. 抓住关键，适时喷药保护。稻瘟病的化学防治必须确立“预防为主”的指导思想。苗叶瘟要狠抓秧苗的防治，如果秧苗出现病斑，尤其是出现急性型病斑，应开始防治；叶瘟应注重保护易感病品种水稻的分蘖盛期，及时掌握病情，当田间出现发病中心时，结合气候条件，采取适当的防治措施；穗瘟防治应注重保护水稻的抽穗期。如果孕穗期叶瘟发生普遍并迅速上升，特别是剑叶出现急性型病斑增加或叶枕瘟发病率高，天气条件有利于病害流行时，应确定防治田块，抓好农药防治。喷洒农药时，提倡使用高含量的单剂农药，避免使用低含量的复配剂。药剂以当地植保部门推荐的为主，如三环唑、稻瘟灵、稻瘟酰胺等。

二、水稻纹枯病

水稻纹枯病又称云纹病，俗名花足秆、烂脚瘟。其发病原因是因立枯丝核菌感染而得病的，多在高温、高湿条件下发生。该病使水稻不能抽穗，或抽穗的秕谷较多，粒重下降。

（一）症状

水稻纹枯病从水稻的秧苗期至抽穗期均可发生，以抽穗期前后为盛期，主要为害叶鞘、叶片，严重时可侵入茎秆并蔓延至穗部。叶鞘发病时，先在近水面处出现水渍状的暗绿色小点，然后病斑逐渐扩大呈椭圆形或云形状，条件适宜时，病斑边缘呈暗绿色，中央为灰褐色，扩展速度快。天气干燥时，边缘呈褐色，中央为草黄色至灰白色。发病叶鞘因组织坏死，可致使叶片枯黄。叶片病斑与叶鞘病斑相似。叶片发病严重时，可导致稻株不能正常抽穗，甚至蔓延至穗部，造成秕谷增加，粒重下降，并可造成倒伏或整株枯死。湿度大时，叶片病部长有白色至灰白色蛛丝状菌丝及扁球形或不规则的暗褐色菌核，菌丝与菌核相连。后期在叶片病部还可见白粉状霉层，其为病菌的担子和担孢子。

（二）防治

1. 选用抗病品种。水稻对纹枯病的抗性是水稻和病原菌在相互作用下发生一系列复杂的物理、化学反应的结果。水稻植株具有蜡质层、硅化细胞，它们是抵抗和延缓病原菌侵入的一种机械障碍，是衡量品种抗病性指标，也是鉴别品种抗病性的一种快速手段。

2. 消除菌核，减少菌源。每季要大面积消除菌核并带出田外深埋。

3. 加强栽培管理。施足基肥，追肥早施，不可偏施氮肥，增施磷、钾肥，采用配方施肥技术，使水稻前期不披叶，中期不徒长，后期不贪青。灌水要做到分蘖浅水、够苗露田、晒田促根、肥田重晒、瘦田轻晒、长穗湿润、不早断水、防止早衰，并要掌握“前浅、中晒、后湿润”的原则。

4. 药剂防治。采用药剂防治要抓住防治适期，分蘖后期若病穴率达 15% 即施药防治。防治药剂以当地植保部门推荐的为主，如井冈霉素、戊唑醇等。

三、水稻白叶枯病

白叶枯病主要发生于叶片及叶鞘上。初起在叶缘产生半透明黄色小斑，以后沿叶缘一侧或两侧或沿中脉发展成波纹状的黄绿色或灰绿色病斑，病部与健部分界线明显；数日后病斑转为灰白色，并向内卷曲，远望一片枯槁色，故称白叶枯病。

（一）症状

当空气潮湿时，在病叶的新鲜病斑上，有时甚至在未表现病斑的叶缘上分泌出湿浊状的水珠或蜜黄色的菌胶，干涸后结成硬粒，容易脱落。在籼稻上的白叶枯病斑多半呈黄色或黄绿色，在粳稻上则为灰绿色至灰白色。在感病品种上，初起病斑呈开水烫过的灰绿色，很快向下发展为长条状黄白色。在我国南方稻区一些高感品种上发生凋萎型白叶枯病，主要发生在秧苗生长后期或本田移植后1～4周内。其主要特征为失水、青枯、卷曲、凋萎，形似螟害枯心。诊断方法为，将枯心株拔起，切断茎基部，用手挤压，如果切口处溢出涕状黄白色的菌脓，即为本病。

（二）防治

1. 选用抗病品种。发生过白叶枯病的田块和低洼易涝田都要种植抗病品种。

2. 对种子进行消毒。用强氯精浸种或用浓度为80%的“402”浸种。

3. 培育无病壮秧。选好秧田位置，加强灌溉水管理，防止淹苗。在三叶一心期和移栽前施药预防。

4. 加强水肥管理。加强水肥管理应注意平整稻田，防止串灌、漫灌传播病害；适时适度晒田，施足底肥，多施磷、钾肥，不要过量过迟追施氮肥。

5. 对大田进行施药保护。水稻拔节后，对感病品种要及早检查，发现发病中心，应立即施药防治。防治药剂以当地植保部门推荐的为主，如代森铵、叶枯净等。

四、稻曲病

稻曲病又名伪黑穗病、绿黑穗病、谷花病及青粉病。该病由真菌引起。

（一）症状

该病只发生于穗部，为害部分谷粒。受害谷粒内形成菌丝块，该块逐渐膨大，导致内外颖裂开，露出淡黄色块状物，即孢子座。后包覆于内外颖两侧，呈黑绿色，最初外包一层薄膜，后破裂，散生墨绿色粉末，即病菌的厚垣孢子。而有的则两侧生黑色扁平菌核，风吹雨打后该菌核容易脱落。

（二）防治

1. 选用抗病品种。

2. 避免病田留种，深耕翻埋菌核。发病时摘除并销毁病粒。

3. 改进施肥技术。基肥要足，慎用穗肥，并采用配方施肥。浅水勤灌，后期见干见湿。

4. 药剂防治。抽穗前或孕穗末期对水稻进行施药防治。药剂以当地植保部门推荐的用药为主，如井冈霉素、丙环唑、苯醚甲环唑等。

五、二化螟

（一）形态识别

成蛾雌体长 14 ~ 16.5 毫米，翅展 23 ~ 26 毫米，触角丝状，前翅呈灰黄色，近长方形，沿外缘具有 7 个小黑点；后翅呈白色，腹部为灰白色纺锤形。雄蛾的体长为 13 ~ 15 毫米，翅展长为 21 ~ 23 毫米，前翅中央具有 1 个黑斑，下面生 3 个小黑点，腹部为瘦圆筒形。卵长 1.2 毫米，呈扁椭圆形，卵块由数十粒至 200 粒排成鱼鳞状，长为 13 ~ 16 毫米，宽为 3 毫米，颜色呈乳白色至黄白色或灰黄褐色。幼虫为 6 龄左右。末龄幼虫体长为 20 ~ 30 毫米，头部除上领为棕色外，其余部分为红棕色，全体呈淡褐色，具有红棕色条纹。蛹长为 10 ~ 13 毫米，颜色为米黄色至浅黄褐色或褐色。

（二）症状

水稻分蘖期受害会出现枯心苗和枯鞘；孕穗期、抽穗期受害，会出现枯孕穗和白穗；灌浆期、乳熟期受害，会出现半枯穗和虫伤株，秕粒由此增多，遇刮大风易倒折。二化螟为害所造成的枯心苗，由幼虫群集在叶鞘内侧蛀食为害，叶鞘外面出现水渍状黄斑，后叶鞘枯黄，叶片也渐死形成枯梢期。而后幼虫蛀入稻茎，导致剑叶尖端变黄，严重时心叶枯黄而死，最终形成枯心苗。其受害茎上有蛀孔，孔外虫粪很少，茎内虫粪多，颜色呈黄色，稻秆易折断。

（三）防治

1. 农业防治。①结合目前种植业结构的调整，在一定范围内实现连片种植，从而减少插花田和混栽田的出现。同时可适当推迟单季晚稻的播种时间，避过1代二化螟的产卵高峰期。②及时灌水杀蛹和清理越冬稻草，可降低虫源基数。③对种植单季晚稻或作连晚秧田的春花田、冬闲田，在1代二化螟蛾始盛期前，及时翻耕灌水，消灭越冬幼虫和蛹。在二化螟成虫羽化前处理完越冬稻草，以消灭越冬虫源。

2. 物理防治。性诱剂是中国科学院近年研制开发的一种人工合成的昆虫性外激素。它是一种化学活性物质，以管状诱芯为载体引诱雄蛾交配溺死水中，药效可持续1个多月，从而把成虫整个发生期覆盖住。其特点是：①是人工合成的昆虫性外激素，专化性强、诱杀效果好；②生物活性高、用量少、成本低，且方法简便易行；③取代了化学农药的使用，不污染环境、不伤天敌、保持生态平衡、利于绿色食品的发展；④使防治由幼虫防治向成虫防治转变，是一项防治技术的重大变革。

3. 生物防治。生物防治就是利用有益生物或生物代谢产物来防治作物病虫害的方法。水稻螟虫二化螟绒茧蜂（属茧蜂科）是二化螟幼虫期的内寄生性天敌，对二化螟各代幼虫均有一定的寄生率。二化螟绒茧蜂对二化螟幼虫的寄生专化性强，主要寄生于禾草螟属的幼虫体内，且寄生率高，是二化螟幼虫期的优势种天敌。据观察，绒茧蜂主要利用寄主植物、二化螟幼虫和虫粪所释放的挥发物来定位寄主栖境，从而寻找到寄主，然后通过二化螟幼虫的钻蛀孔进入虫道并产卵寄生的。被寄生后，二化螟幼虫食量下降，生长加快，发育受阻，且不能化蛹，死亡率升高。特别是越冬代幼虫的寄生率较高，对压低二化螟的发生基数及控制其田间种群均有一定作用。

4. 药剂防治。水稻二化螟有转株为害的习性。初孵幼虫从叶片爬到茎秆，或吐丝下垂至茎秆，咬孔侵入。其先集中于叶鞘，2 龄开始分散转移。如果水稻正在分蘖，则会造成枯心苗（1 头幼虫可造成数株枯心苗）。对已经钻蛀到水稻茎秆中的二化螟幼虫，防治十分不易。因此施药防治必须在螟虫转株为害之前进行。在卵块孵化始盛期进行调查，当田间丛枯鞘率超过 10% 时，进行施药防治。防治药剂以当地植保部门推荐的为主，如氯虫苯甲酰胺、毒死蜱、阿维菌素、甜核 · 苏云菌等。

六、三化螟

三化螟俗称“钻心虫”，只为害水稻，通过幼虫为害造成枯心苗和白穗，影响水稻产量。

（一）形态识别

成虫：体长 9 ~ 13 毫米，翅展 23 ~ 28 毫米。雌蛾前翅为近三角形，呈淡黄白色，翅中央有一明显的黑点，腹部末端有一丛黄褐色的茸毛；雄蛾前翅呈淡灰褐色，翅中央有一较小的黑点，由翅顶角斜向中央有一条暗褐色的斜纹。

卵：长椭圆形，密集成块，每块由几十至一百多粒卵聚集而成，卵块上覆盖着褐色绒毛，像半粒发霉的大豆。

幼虫：年龄为 4～5 龄。初孵时呈灰黑色，胸腹部交接处有一白色环。老熟时长 14～21 毫米，头呈淡黄褐色，身体呈淡黄绿色或黄白色。从 3 龄起，背中线清晰可见。腹足较退化。

蛹：颜色为黄绿色，羽化前呈金黄色（雌）或银灰色（雄），雄蛹后足伸达第七腹节或稍超过，雌蛹后足伸达第六腹节。

（二）症状

三化螟食性单一，专食水稻，通过幼虫蛀茎为害，导致水稻分蘖期形成枯心，孕穗至抽穗期，形成枯孕穗和白穗，转株为害后还会形成虫伤株。“枯心苗”及“白穗”是其为害后稻株的主要症状。

（三）防治

1. 农业防治。①适当推迟播期，使越冬代三化螟成虫找不到适当的产卵场所，压低害虫基数。②及时翻犁晒田，降低虫源基数。随着免耕技术推广和冬闲田面积扩大，为稻螟虫安全越冬创造了极好的条件，应及时翻犁晒田，铲除田边、沟边杂草，改变害虫的生存环境，降低虫源基数。③翻耕灌水防螟虫。冬闲田在冬季或早春季节翻耕灌水，处理带虫稻草，从而降低虫源基数。

2. 人工防治。在螟卵高峰期采用人工摘除卵块，可大大降低虫口基数。

3. 生物防治。①放鸭吃虫。实行稻鸭共育技术，鸭子可捕食大部分飞虱、螟虫、金龟子等害虫。②保护利用天敌。创造有利于天敌栖息、繁殖的生态环境，并使用选择性农药保护天敌。

4. 物理防治。使用推广性诱剂防治水稻螟虫。利用性诱剂诱杀水稻螟成虫，减少产卵，从而降低为害。

5. 化学防治。防治时期，第一代、第二代三化螟应在卵孵盛期，第三代应在水稻破口初期，隔4～5天进行第二次用药。药剂以当地植保部门推荐的为主，如氯虫苯甲酰胺、毒死蜱、阿维菌素等。

七、稻飞虱

（一）形态识别

褐飞虱：长翅型成虫体长3.6～4.8毫米，短翅型2.5～4毫米。深色褐飞虱头顶至前胸、中胸背板呈暗褐色，有3条纵隆起线；浅色褐飞虱体为黄褐色。卵呈香蕉状，卵块排列不整齐。老龄若虫体长为3.2毫米，体呈灰白色至黄褐色。

白背飞虱：长翅型成虫体长3.8～4.5毫米，短翅型2.5～3.5毫米，头顶稍突出，前胸背板呈黄白色，中胸背板中央黄白色，两侧黑褐色。卵为长椭圆形，且稍弯曲，卵块排列不整齐。老龄若虫体长2.9

毫米，呈淡灰褐色。

灰飞虱：长翅型成虫体长3.5~4.0毫米，短翅型为2.3~2.5毫米，头顶与前胸背板为黄色，中胸背板雄虫为黑色，雌虫中部呈淡黄色，两侧为暗褐色。卵为长椭圆形，且稍弯曲。老龄若虫体长为2.7~3.0毫米，呈深灰褐色。

（二）症状

稻飞虱通过成虫和若虫群栖稻株基部刺吸汁液，造成稻叶叶尖褪绿变黄，严重时全株枯死。穗期受害还可造成抽穗困难，枯孕穗或穗变褐色，秕谷增多等病症。

（三）防治

1. 选育抗虫品种。

2. 栽培管理上实行同品种连片种植。对不同的品种或作物进行合理布局，避免稻飞虱辗转为害。同时要加强肥水管理，适时适量施肥和适时露田，避免长期浸水。

3. 保护天敌。在农业防治基础上科学用药，避免对天敌过量杀伤。

4. 药剂防治。根据虫情测报，掌握不同类型稻田飞虱的发生情况和天敌数量。防治药剂以当地植保部门推荐的为主，如吡蚜酮、敌敌畏、噻嗪酮等。

八、稻纵卷叶螟

（一）形态识别

成虫体长为7~9毫米，翅呈黄褐色，前后翅外缘均有黑褐色宽边，前翅前缘呈暗褐色，有3条黑色横线，其中内、外线横贯翅面，中线短而不达后缘。后翅有横线两条，内横线较短，不达翅后缘。雄蛾前翅前缘中部还有黑褐色鳞片聚成的鳞片堆。卵为扁椭圆形，多散产于叶片背面，少数数粒聚成一排。幼虫通常为5龄，少数为6龄，虫体呈黄绿色，1龄头呈黑色，其余各龄头为黄褐色至褐色。2龄前胸背板前、后缘均有1对黑点，3龄前胸背板后缘黑点变成三角形黑斑，4龄前胸背板前缘两黑点两侧有许多小黑点连成弧线，5龄前胸背板中部黑点色淡。从3龄开始，中、后胸背板均有1对黑褐色斑点。蛹长为7~10毫米，被薄茧，各腹节背面后缘隆起，初蛹呈淡黄色，后转为红色至褐色。

（二）症状

初孵幼虫一般先爬入水稻心叶、附近叶鞘或旧虫苞中，2龄幼虫则一般在叶尖或叶侧结小苞。3龄开始吐丝缀合叶片两边叶缘，将整段叶片向正面纵卷成苞，一般单叶成苞，少数可以将临近数片叶缀合成苞。幼虫取食叶片上的表皮与叶肉，仅留下白色下表皮，导致虫苞上显现白斑。为害严重时，田间虫苞累累，甚至植株枯死。

（三）防治

防治稻纵卷叶螟，以保护水稻三片功能叶为重点，按照防治指标，适时开展化学防治。同时注重选用抗（耐）虫品种，加强肥水管理和保护天敌。

1. 农业防治。适用抗（耐）虫品种，加强肥水管理（基肥足、追肥稳、后期不贪青）的方法，调控水稻生长。

2. 化学防治。防治适期为卵孵化高峰期至低龄幼虫高峰期，100 丛 50 头幼虫。药剂以当地植保部门推荐的为主，如 Bt、氯虫苯甲酰胺、阿维菌素等。

第二节 小麦病虫害

一、小麦锈病

小麦锈病俗称“黄疸病”。

（一）症状

苗期染病，幼苗叶片上产生多层轮状排列的鲜黄色夏孢子堆。成株叶片初发病时夏孢子堆为小长条状，呈鲜黄色，形状为椭圆形，排列与叶脉平行，且成行，像缝纫机轧过的针脚一样，呈虚线状。后期表皮破裂，出现锈褐色粉状物。小麦近成熟时，叶鞘上出现圆形至卵圆形黑褐色夏孢子堆，散出鲜黄色粉末，即夏孢子。后期病部产生黑色冬孢子堆。

（二）防治

1. 选用抗病品种，做到抗源布局合理及品种定期轮换。

2. 农业防治。①适期播种，适当晚插，不要过早，可减轻秋苗期锈病的发生。②消除自生麦。③提倡施用酵素菌沤制的堆肥或腐熟有机肥，增施磷、钾肥，搞好氮、磷、钾合理搭配，增强小麦的抗病力。速效氮施用不宜过多、过迟，防止小麦贪青晚熟，加重受害。④合理灌溉。当土壤湿度大时或雨后注意开沟排水。后期发病重的需适当灌水，以减少产量损失。

3. 药剂防治。在缺少抗病品种或原有抗病品种抗锈性丧失，又无接班品种的麦区，需要进行药剂防治。①进行药剂拌种。②进行叶面喷施。使用药剂以当地植保部门推荐的为主，如三唑酮、丙环唑、戊唑醇等。

二、小麦白粉病

（一）症状

该病可侵害小麦植株地上部的各个器官，主要以叶片和叶鞘为主，发病重时颖壳和芒也会受害。初发病时，叶面出现 1～2 毫米的白色霉点，后逐渐扩大为近圆形至椭圆形白色霉斑，霉斑表面有一层白粉，遇有外力或震动时立即飞散。这些粉状物就是该菌的菌丝体和分生孢子。后期病部霉层变为灰白色至浅褐色，病斑上散生有针头大小的小黑粒点，即病原菌的闭囊壳。

（二）防治

1. 选用抗病丰产品种，可有效抑制小麦白粉病的发生，目前应以选育成株期具有抗病性的品种为主。

2. 麦收后及时铲除各种场合的自生小麦，消灭初期浸染源。

3. 合理密植。采用精量、半精量播种，适当晚播，提高植株的抗病能力。

4. 注意氮肥的合理施用，配方施肥，适时排灌水。

5. 适时进行药剂防治。在小麦白粉病普遍率达10%或病情指数达5%～8%时，即应进行药剂防治。防治药剂以当地植保部门推荐为主，如三唑酮、烯唑醇等。

三、小麦赤霉病

（一）症状

赤霉病主要会引起苗枯、穗腐、茎基腐、秆腐和穗腐，从幼苗到抽穗都可受害。其中影响最严重的是穗腐。苗腐是由种子带菌或土壤中的病残体浸染所致。先是芽变为褐色，随之根冠腐烂，轻则病苗黄瘦，重则死亡，枯死苗湿度大时产生粉红色霉状物。穗腐小麦扬花时，初在小穗和颖片上产生水浸状浅褐色斑，渐扩大至整个小穗，小穗变枯黄。湿度大时，病斑处产生粉红色胶状霉层。后期其上产生密集的蓝黑色小颗粒，用手触摸，有突起的感觉，不能抹去。子粒干瘪并伴有白色至粉红色霉。小穗发病后扩展至穗轴，病部枯竭，使被害部以上小穗形成枯白穗。茎基腐从幼苗出土至成熟均可发生，麦株基部组织受害后变为褐色并腐烂，导致全株枯死。秆腐多发生在穗下第一、第二节，初在叶鞘上出现水渍状褪绿斑，后扩展为淡褐色至红褐色不规则形斑或向茎内扩展。病情严重时，造成病部以上枯黄，有时不能抽穗或抽出枯黄穗。气候潮湿时病部表面可见粉红色霉层。

（二）防治

1. 栽培防治是赤霉病防治的基础。①深耕灭茬。

深耕灭茬是减少菌源的重要途径。②追肥不能过晚。追肥过晚容易造成贪青晚熟，延长病菌浸染的时间和增加浸染的机会，另外还会造成无效分蘖多，加重流行。

2. 选用抗耐避病品种是重要的防治措施。尽管没有抗病品种，但品种间还是存在很大的差异，特别是要选择抗扩展的品种。除了抗性外，选择品种还要考虑如下原则：①适当株高；②抽穗一致；③穗层整齐；④花药残留时间短；⑤灌浆速度快。

3. 药剂防治是赤霉病防治的关键。由于气候条件不同，麦株抽穗扬花时期和快慢亦有不同，故施药日期、次数要根据当地气候变化和小麦生育期变化而灵活掌握。施药的时间原则：当抽穗期间天晴、温度高时，麦子边抽穗边扬花，在始花期（扬花 10% ~ 20%）施药最好。当抽穗期低温、日照少时，麦子先抽穗后扬花，在始花期（10% 扬花）用药。抽穗期若遇到连阴雨，应在齐穗期用药。要抓住下雨间隙的时机进行用药。用药注意的问题：药械要能保证弥雾，压力和喷孔口径要符合弥雾要求。有连阴雨天气时，适当高浓度喷雾。因为赤霉病发生在多雨季节，弥雾和适当高浓度能防止雨水冲刷，可以带来药剂的二次稀释而不造成药剂浪费和流失。特别是在下雨间歇时用药更要强调弥雾和适当的高浓度。药剂以当地植保部门推荐的为主，如氰烯菌酯、咪鲜胺、多菌灵、托布津等。

四、小麦麦圆蜘蛛

（一）形态识别

麦圆蜘蛛成虫：雌成虫体卵为圆形，体长为0.6～0.98毫米，体宽为0.43～0.65毫米，体呈黑褐色，体背有横刻纹8条，在体背后部有隆起的肛门。足4对，第一对足最长。

卵：形状为麦粒状，长约0.2毫米，宽0.1～0.14毫米，初产呈暗红色，以后渐变为淡红色，上有五角形网纹。

幼虫和若虫：初孵幼螨足有3对，等长，身体、口器及足均为红褐色，取食后渐变为暗绿色。幼虫蜕皮后即进入若虫期，足4对，体形与成虫大体相似。

（二）症状

被害麦叶出现黄白小点，植株矮小，发育不良，重者干枯死亡。

（三）防治

1. 农业防治。采用轮作倒茬、合理灌溉、麦收后浅耕灭茬等措施降低虫源。

2. 化学防治。在春小麦返青后，选当地发生较重的麦田进行调查，随机取5点，每点查33厘米行长，下放白塑料布或盛水的盆，轻拍麦株，记载落下虫数，当平均每33厘米行长中幼虫有200头以上，上部叶片20%面积有白色斑点时，应进行药剂防治。防治药剂以当地植保部门推荐的为主，如阿维菌素、哒螨灵等。

第三节　油菜病虫害

一、油菜菌核病

（一）症状

油菜的整个生育期均可发病，结实期发病最重。茎、叶、花、角果均可受害，茎部受害最重。茎部染病初期呈浅褐色水渍状病斑，后发展为具轮纹状的长条斑，边缘呈褐色，湿度大时表面生棉絮状的白色菌丝，偶尔也会看见黑色的菌核，病茎内髓部烂成空腔，内生很多黑色鼠粪状菌核。病茎表皮开裂后，露出麻丝状纤维，茎易折断，致病部以上茎枝萎蔫枯死。叶片染病初期呈不规则水浸状，后形成近圆形至不规则形病斑，病斑中央呈黄褐色，外围呈暗青色，周缘呈浅黄色，病斑上有时轮纹明显，湿度大时长出白色棉毛状菌丝，病叶易穿孔。花瓣染病初期呈水浸状，渐变为苍白色，最后腐烂。角果染病初期呈水渍状褐色病斑，后变为灰白色，种子瘪瘦，无光泽。

（二）防治

根据该病发生的为害特点，应以农业防治和药剂防治相结合才能控制其流行。

1. 实行稻油轮作或旱地油菜与禾本科作物进行两年以上轮作可减少菌源。

2. 多雨地区推行窄厢深沟栽培法，利于春季沥水防渍，雨后及时排水，防止湿气滞留。

3. 选用抗、耐病品种。

4. 播种前进行种子处理。用10%盐水选种，清除浮起的病种子及小菌核，待选好的种子晾干后播种。

5. 采用配方施肥技术。提倡施用酵素菌沤制的堆肥或腐熟的有机肥，避免偏施氮肥，配施磷、钾肥及硼、锰等微量元素，防止开花结荚期徒长、倒伏或脱肥早衰；及时中耕或清沟培土；盛花期及时摘除黄叶、老叶，防止病菌蔓延，改善株间通风透光条件，减轻发病。

6. 药剂防治。稻油栽培区重点抓两次防治。一是子囊盘萌发盛期在稻茬油菜田四周田埂上喷药杀灭菌核萌发长出的子囊盘和子囊孢子；二是在3月上、中旬油菜盛花期一、二类油菜田中喷洒药剂，7天后进行第二次防治。防治药剂以当地植保部门推荐的为主，如菌核净、速克灵等。

二、油菜霜霉病

（一）症状

其为害叶、茎和角果，致使受害处变黄，长有白色霉状物。花梗染病顶部会变得肿大弯曲，呈“龙头拐”状，花瓣肥厚变绿，不结实，上生白色霜霉状物。叶片染病初期出现浅绿色小斑点，后扩展为多角形的黄色斑块，叶背面长出白霉。

（二）防治

1. 因地制宜种植抗病品种。

2. 提倡与大麦、小麦等禾本科作物进行两年轮作，可大大减少土壤中卵孢子的数量，降低菌源。

3. 用种子重量1%的浓度为35%的瑞毒霉或甲霜灵拌种。

4. 加强田间管理，做到适期播种，不宜过早。根据土壤肥沃程度和品种特性，确定合理密度。采用配方施肥技术，合理施用氮、磷、钾肥，从而提高抗病力。雨后及时排水，防止湿气滞留和淹苗。

5. 重点防治旱地栽培的白菜型油菜。一般在3月上旬抽薹期，调查病情扩展情况，当病株率达20%以上时，进行喷雾。药剂以当地植保部门推荐的为主，如百菌清、霜疫灵、代森锰锌等。

三、油菜白粉病

（一）症状

油菜叶、茎、荚均能受害。发病初期仅有少量的点块细丝状物向外扩展，以后联结成片，叶正、反面均有白粉状霉斑。病轻时，植株生长、开花受阻，严重时白粉状霉覆盖整个叶面，到后期叶片变黄，枯死，植株畸形，花器异常，直至植株死亡。

（二）防治

1. 选用抗病品种。

2. 及时清除发病植株（深埋或销毁）。

3. 加强肥水管理，提高植株抗病力。

4. 药剂防治。以当地植保部门推荐的为主，如粉锈宁等。

四、油菜蚜虫

为害油菜的蚜虫主要有萝卜蚜和桃蚜。

（一）形态识别

萝卜蚜为有翅胎生雌蚜，头、胸呈黑色，腹部为绿色。第1~6腹节各有独立缘斑，腹管前后斑愈合，第1节有背中窄横带，第5节有小型中斑，第6~8节各有横带，第6节横带不规则。触角第3~5节依次有圆形次生感觉圈：21~29个、7~14个、0~4个。无翅胎生雌蚜体长为2.3毫米，宽为1.3毫米，呈绿色或黑绿色，被薄粉。其表皮粗糙，有菱形网纹。腹管长筒形，顶端收缩，长度为尾片的1.7倍。尾片有长毛4~6根。桃蚜为无翅孤雌蚜，体长为2.6毫米，宽为1.1毫米。体呈淡色，头部为深色，体表粗糙，但背中域光滑，第7、第8腹节有网纹。额瘤显著，中额瘤微隆。触角长为2.1毫米，第3节长0.5为毫米，有毛16~22根。腹管为长筒形，端部呈黑色，为尾片的2.3倍。尾片呈黑褐色，圆锥形，近端部的1/3呈收缩状，有曲毛6~7根。有翅孤雌蚜，头、胸呈黑色，腹部为淡色。触角第3节有小圆形次生感觉圈9~11个。腹部第4~6节背中融合为一块大斑，第2~6节各有大型缘斑，第8节背中有1对小突起。

（二）症状

这两种蚜虫都以成蚜和若蚜密集在油菜叶背面、

茎枝、花上刺吸汁液，破坏叶肉和叶绿素造成卷叶、死苗。同时蚜虫是传播油菜病毒病的重要媒介。

（三）防治

1. 选用抗病品种。选用抗逆性强、综合性状好的油菜品种。

2. 适时播种。应根据当地的气候条件、品种特性、蚜虫发生状况，确定适宜的播种期。

3. 加强田间管理。重施基肥，增施磷、钾肥，使油菜生长健壮，茎秆坚硬，增强油菜抗病、抗逆能力。清除田间杂草，结合间苗、定苗。

4. 农药防治。以当地植保部门推荐的药剂为主，如吡虫啉等。

第四节 马铃薯病虫害

一、马铃薯晚疫病

（一）症状

叶片染病后，先在叶尖或叶缘生水浸状绿褐色斑点，病斑周围具浅绿色晕圈。湿度大时病斑迅速扩大，呈褐色，并产生一圈白霉，即孢囊梗和孢子囊，尤以叶背最为明显；干燥时病斑变为褐色，并干枯，质脆易裂，不见白霉，且扩展速度减慢。茎部或叶柄染病后出现褐色条斑。发病严重的叶片萎垂、蜷缩，终致整株黑腐，全田一片枯焦，散发出腐败气味。块茎染病初期生褐色或紫褐色大块病斑，稍凹陷，病部皮下薯肉亦呈褐色，慢慢向四周扩大或烂掉。

（二）防治

1. 选用抗病品种。马铃薯不同的品种对晚疫病的抗病能力有很大差别。因为马铃薯晚疫病菌很容易发生变异，垂直抗病的品种栽植几年后，容易丧失其抗病性，所以应选用具有水平抗病性的品种。

2. 建立无病留种地和选用无病种薯。无病留种田应与大田相距200米以上，以便减少病原菌传播浸染的机会，并严格实行各种防治措施。可在发病轻的地块选择无病植株留种。

3. 种薯处理。用内吸性杀菌剂浸种，如50%多菌灵500倍液浸种，也可用200倍液福尔马林溶液、碧护浸种。然后堆积并覆盖严密，闷种2小时，再摊开晾干。

4. 加强栽培管理。播种前精选种薯，淘汰带菌块茎，可减少田间中心病株的数量。在马铃薯生长后期培土可减少游动孢子囊浸染薯块的机会。在病害流行年份，适当提早割蔓，两周后再收取薯块，可避免薯块与病株接触的机会，降低薯块带菌率。

5. 药剂防治。当田间出现中心病株时，立即清除中心病株，施药防治。防治药剂以当地植保部门推荐的为主，如精甲霜灵、丙森锌、银法利、精甲霜灵·百菌清等。

二、马铃薯青枯病

（一）症状

马铃薯青枯病在马铃薯的幼苗期和成株期均能发生。植株染病后的典型症状是病株稍矮缩，下部叶片先萎蔫后全株下垂，开始时早晚恢复，持续4~5天后全株茎叶萎蔫死亡，但仍保持着青绿色，也有时一个主茎或一个分枝萎蔫，其他茎叶生长正常，植株基部横剖后可见维管束变为褐色。薯块染病后，芽眼呈灰褐色水浸状，并有脓液，切开薯块，切面可自动溢出乳白色菌脓。

（二）防治

1. 选用抗病品种。这是防治青枯病的最佳方法之一。

2. 建立无病种薯繁育体系。选留未发生过青枯病的地块进行繁育种薯，利用脱毒技术繁殖原原种等，都会遏止青枯病的发生。

3. 合理轮作。青枯病是土传性病害，应大力提倡与非寄主植物实行2~3年以上的轮作。不施带病菌肥料，尽量施用有机活性肥、生物有机肥。大雨后注意及时排水，采用高畦栽培，避免大水漫灌。

4. 利用小整薯代替大薯切块播种。

5. 药剂防治。发病初期，进行药剂灌根。药剂以当地植保部门推荐的为主，如农用硫酸链霉素、农抗“401”等。

三、28 星瓢虫

（一）形态识别

成虫长为 6～7 毫米，呈黄褐色，体为半球形，两翅上各有 14 个黑斑。成虫有假死性。卵为黄色，堆产于叶背。幼虫呈淡黄色，为长椭圆状，背面隆起，各节有黑刺。幼虫共 4 龄，1 龄幼虫有群集性，2 龄后分散为害。随着龄期增加，幼虫的食量增大。

（二）防治

1. 人工捕杀成虫。在成虫发生期间，利用其成虫的假死习性，用薄膜承接并叩打植株，使之坠落，收集灭之；或进行药水盆捕杀。早晚时间成虫在叶面为害时捕杀效果较好。

2. 人工摘除卵块。28 星瓢虫的卵在马铃薯植株叶背集中呈块状，颜色鲜艳，每块数十粒。所以及时进行人工采卵歼灭是一种降低虫口、减轻后期防治压力的有效办法。

3. 灯光诱杀成虫。利用害虫的趋光性，晚上用灯光或杀虫灯诱杀成虫。

4. 农药喷雾防治。在马铃薯大田生长期间，调查如发现有 28 星瓢虫造成为害时，可选用无公害、低毒、低残留的农药防治。药剂以当地植保部门推荐的为主，如马拉硫磷、溴氰菊酯等。

第五节 柑橘病虫害

一、柑橘溃疡病

（一）症状

受害叶片开始于叶背出现黄色或黄绿色针头大小的油渍状斑点，继而在叶片两面逐渐隆起，成为近圆形、米黄色的病斑。不久病部表皮破裂，呈海绵状，隆起显著，木栓化，表面粗糙，呈灰白色或灰褐色。随后病部中央凹陷并呈火山口状开裂，且有微细轮纹，周围有黄晕，病斑直径一般为3～5毫米，有时几个病斑聚合呈不规则形大斑。枝梢受害以夏梢为重，病斑形状与叶片上的相似，但突起明显，周围无黄晕，严重时引起落叶、枯梢。果实上病斑与叶片上的相似，但病斑较大，木栓化程度比叶部更为坚实，火山口开裂更为显著。病斑限于果皮上，发生严重时容易引起早期落果。

（二）防治

1．实行植物检疫。此病为我国植物检疫对象之一。因此在调运苗木、接穗、果实时必须严格执行《植物检疫条例》。严禁此病传入无病区和新区。同时封锁疫区，开展防治、压低病情；局部或零星发生的果园，应采取烧毁病株等果断措施，彻底消灭。同时要消除病树周围15米内的杂草。

2. 培育无病苗木。培育无病苗木，必须按照培育无溃疡病苗木的操作规程办理。无病苗圃应相对隔离，远离柑橘园 2～3 千米。砧木种子和接穗均应来自无病区。无病苗木的管理、监测、消毒以及人员的活动等均需照章行事。

3. 疫区采取喷药保护为主的综合防治措施。喷药保护的重点是夏、秋梢的抽发期和幼果期。一般在新梢自剪后喷第一次药，间隔 7～10 天再喷 1 次，连续喷 2～3 次。为保护幼果，应提早到 5 月下旬用药，连喷 3～4 次。药剂以当地植保部门推荐的为主，如波尔多液、代森铵等。

二、柑橘疮痂病

（一）症状

主要为害叶片、新梢和果实的幼嫩组织，亦为害花萼和花瓣。叶片受害时，初期产生油渍状黄褐色圆形小斑点，随后逐渐扩大，颜色变为蜡黄色。后期病斑木栓化，并隆起，多向叶背凸出，叶面凹陷，呈圆锥形的灰褐色疮痂斑。病斑直径为 0.3～2 毫米。早期受害严重的新梢的叶片，常枯焦脱落。天气潮湿时，病斑表面长出灰褐色粉状物（为病菌的分生孢子盘及分生孢子）。有时很多病斑集合在一起，使叶片扭曲畸形。

（二）防治

1. 结合春季修剪，剪除病枝和病叶，并清除田间落叶，加以烧毁，减少病源。

2. 药剂防治。以保护幼嫩春梢和小幼果为重点，一般喷药两次。第一次在4月上、中旬，春芽发长为10毫米时；第二次在5月中下旬，花落2/3时。药剂以当地植保部门推荐的为主，如甲基托布津、托布津、百菌清等。

三、柑橘炭疽病

（一）症状

1. 叶片感病。①病斑多从叶尖开始，初呈水渍状暗绿色，后变为淡黄色或黄褐色，以后小斑迅速扩展为不规则形大斑，边缘不明显，似云纹状，其上产生大量朱红色带黏性的小液点，病叶易脱落。②叶尖或叶缘出现半圆或近圆形黄褐色病斑，以后扩大呈不规则形，病健组织分界明显。天气潮湿时，病部出现朱红色带黏性小液点；天气干旱时，干枯病部呈灰白色，表面密布同心轮纹排列的小黑点。病叶脱落较慢。

2. 枝梢感病。①病梢由上而下枯死，多发生在寒害后的枝梢上，初期病部为褐色，后呈灰白色，其上散生许多小黑点，病健组织分界明显。②多从叶柄基部腑芽处或受伤皮层开始发病。病斑初为淡褐色，椭圆形，后变为长梭形，当病斑环绕枝梢时，病梢由上而下枯死。花开后，病菌浸染雌蕊柱头，呈褐色腐烂，引起落花。幼果受害，初呈暗绿色油渍状不规则形病斑，后扩展至全果。天气潮湿时，病果上长出白色霉状物及淡红色小液点，以后病果腐烂干缩成僵果，不脱落。长大后的果实受害，其症状表现有干疤、泪痕和腐烂三种类型，果梗受害，造成“枯蒂”，果实随之脱落。苗木多在离地6~10厘米处或嫁接口处开始发病。病斑呈深褐色，形状不规则，严重时可引起上部枝梢死亡。

（二）防治

1. 农业防治。加强栽培管理，增强树势，提高抗病能力；加强修剪，注意间伐，改善通风透光；剪除病枝病叶，收集烧毁，减少病源。

2. 喷药保护。在8月下旬至9月上、中旬每隔10~15天喷药1次，连喷2~3次。药剂以当地植保部门推荐的为主，如双苯环唑、咪鲜胺等。

四、柑橘红蜘蛛

柑橘红蜘蛛属蛛形纲，蜱螨亚纲，前气门目，叶螨科，是柑橘上为害非常严重的害螨。

（一）形态识别

成螨：雌成螨体长为0.3~0.4毫米，卵为圆形，呈暗红色。背部毛多，背毛着生于瘤突上，故又称“瘤皮红蜘蛛”。足4对。雄成螨体略小，楔行，呈鲜红色，末体较尖锐，足较长。

卵：直径约0.13毫米，略呈扁球行，红色有光泽。顶端有一垂直卵柄。柄端有10~12条向四周散射的附属丝，附着于叶、枝、果上。

幼螨：体色较淡，足3对。

若螨：个体较小，形状、色泽近似于成螨，足4

对。

（二）症状

柑橘红蜘蛛以口器刺破寄主叶片表皮吸食汁液。被害叶面呈现无数灰白色小斑点，严重时全叶失绿变成灰白色，导致大量落叶。同时其也能为害果实及绿色枝梢，影响树势和产量。

（三）防治

1. 采取前期喷药防治，后期保护利用天敌的原则。采果后和柑橘开花前这段时间，过冬虫口的多少，直接关系到来年的虫情，在冬季喷药将虫口密度压低到每 100 叶 10 头以下，可使植株在开花前不因螨害造成落叶枯枝的现象。谢花后，天敌数量增多，应尽量做到不大面积喷药，改普治为挑治，控制虫源发生中心，压低害螨虫口密度，从而保护天敌。冬干春旱年份，应及时灌溉，以保证柑橘园有充足的水分和湿度，促进春梢抽发。这样做有利于天敌及寄生菌的发生流行，造成对柑橘红蜘蛛不利的环境条件，以减轻其为害。部分植株若因防治失时引起新梢叶片变色，可在药液中加 0.5% 的尿素作根外追肥，增强植株营养，促进叶片转绿，减轻其危害。

2. 药剂防治。开花前气温多在 20℃以下，许多药剂效果差，应选择非感温性药剂进行防治，药剂以当地植保部门推荐的为主，如炔螨特、阿维菌素、哒嗪酮等。红蜘蛛对农药易产生抗药性，要常轮换使用农药，不滥用农药，不提高农药使用的浓度，不随意将多种农药混合，以延迟抗药性的出现。

3. 生物防治。利用天敌捕食红蜘蛛。果园间种绿肥如耳草，或利用野生绿肥如藿香蓟（白花臭草）等，进行生草栽培、生物覆盖，创建不利于红蜘蛛繁殖而有利于天敌生长和繁殖的环境条件。采取花前引移、释放尼氏纯绥螨。另有稻红瓢虫对红蜘蛛发生园有控制效果，但其对农药敏感。还可以利用红蜘蛛常在晴天中午爬到树冠外围的叶面为害的特性，采用快速喷布农药杀死大多数红蜘蛛，又能保护部分天敌的方法，以达到“以虫治虫，以菌治虫”。

五、柑橘矢尖蚧

（一）形态识别

雌成虫介壳呈黄褐色或棕色，边缘为灰白色，前端尖，后端宽，中央有 1 条明显的纵背，似箭头形，故名矢尖蚧。初孵化幼体为扁平椭圆形，呈橙黄色，半透明，前端有一壳点，后端介壳长形，由粉白棉絮状蜡质物组成，背上有 3 条纵背，前端有 1 个黄色壳点。雄蚧体为长形，呈粉白色，棉絮状，长为 1.3 ~ 1.6 毫米，背后有 3 条纵脊线，蜕皮壳位于前端，呈淡黄褐色。幼蚧寄生于柑橘树枝、叶片和果实上为害，使叶片干枯、蜷缩、脱落、枝梢死亡。其结果使树势衰弱，产量大减。果实受害后，呈绿色状，品质变劣。

（二）症状

矢尖蚧以雌成虫、若虫固着于叶片、果实和嫩梢上吸食汁液，被害处形成黄斑，导致叶片畸形、蜷曲、枝叶干枯，果实受害处呈黄绿色，外观差、果味酸。严重影响树势、产量和果实品质，还可诱发烟煤病。在柑橘产区均有分布，主要为害柑橘、无花果等。

（三）防治

1. 矢尖蚧为害程度与树势有关，因此应做好柑橘园的防治、施肥、防冻及其他病虫害防治工作。同时还需做好培养树势，提高树体自身抗虫性。

2. 结合冬剪，在每年4月份以前及时剪除虫枝、荫蔽枝、干枯枝，减少虫源，改善柑橘园通风透光条件，减轻矢尖蚧为害，剪枝须集中焚烧。

3. 在盛果期，要经常查园。如发现果面和枝梢有矢尖蚧为害应及时清除，并集中处理，减轻矢尖蚧对果实的危害。

4. 由于矢尖蚧第一代发生不整齐，以后世代重叠，加上虫体体表介壳随龄期增加而加厚，抗药性增强，故药剂防治的重点应放在第一代1～2龄的若虫。从5月上旬起经常检查当年春梢或上年秋梢叶片上有无第一代2龄雄虫出现，一旦发现应在5天内喷药，或在4月上旬起将长有矢尖蚧雌成虫的春梢和秋梢剪下，插入装有水的玻璃瓶内放置园中，经常观察有无初孵幼蚧爬出，发现初孵幼蚧后21～25天即喷药。于4月下旬至5月上、中旬第一代1～2龄矢尖蚧盛发期，施药防治。药剂以当地植保部门推荐的为主，如机油乳剂、毒死蜱等。

5. 冬季果树休眠期和早春发芽前，用松脂合剂8～10倍液喷雾，松脂合剂不能与其他有机合成农药混用，也不能与波尔多液混用，不宜长期使用，冬季寒冷时不宜使用，夏季高温时也不能使用。

6. 生物防治。矢尖蚧的主要天敌有整胸寡节瓢虫、红点唇瓢虫、矢尖蚧小蜂、花角蚜小蜂和黄金蚜小蜂等，对其可加以保护和利用。

六、柑橘潜叶蛾

（一）形态识别

雌成虫体长宽为1.5～1.8毫米×0.37～0.46毫米，翅展为4毫米；雄成虫体长宽为1.6～1.8毫米×0.27～0.44毫米，翅展为4.2毫米。全体呈银白色，触角为丝状14节。前翅为披针形，缘毛较长，翅基部有2条黑褐色纵纹，长度为翅长的1/2，两黑纹基部相接，一条靠翅前缘，一条位于翅中央，2/3处有“Y”形黑斑纹，顶角有一大圆形黑斑，斑前有一小白斑点。后翅为针叶形，缘毛较前翅长。足呈银白色，胫节末端有一大距。卵为扁圆形，无色透明，直径为0.25毫米。幼虫体呈黄绿色，初孵幼虫体长为0.49～0.88毫米，胸部1节、2节膨大近似于方形，尾端尖细，足已退化。老熟幼虫体为扁平，纺锤形，长约4毫米，胸腹部背面背中线两侧有4个凹陷孔，排列整齐。腹部末端尖细，具有1对细长的铗状物。预蛹为长筒形，长约3毫米，胸腹部2、3节较大，第1和6~10节两侧均有肉质突起。雌蛹体长宽为2.1~2.5毫米×0.4~0.5毫米；雄蛹体长宽为2.2~2.5毫米×0.43~0.56毫米，为纺锤形，颜色初为淡黄色，后为深黄褐色。腹部末节后缘两侧有明显的肉刺1根。

（二）症状

幼虫为害柑橘的新梢嫩叶，潜入表皮下取食叶肉，掀起表皮，形成银白色弯曲的隧道。内留有虫粪，在中央形成一条黑线，由于虫道蜿蜒曲折，导致新叶蜷缩、硬化，叶片脱落。

（三）防治

1. 摘虫叶。柑橘采收后，结合清园剪除虫叶，集中烧毁或深埋，消灭虫、蛹，减少次年虫源。

2. 抹芽控梢。抹除抽生的零星夏、秋梢，促使统一放梢，并减少和切断食料。

3. 化学防治。防治适期为新梢大量抽发，嫩叶长达0.5~3.0厘米时，防治指标为嫩叶受害率在10%~20%时喷第一次药，以后每隔7~10天，连喷2~3次。喷药最好在傍晚进行，因为潜叶蛾成虫昼伏夜出，此时喷药能直接杀死成虫，大大提高防治效果。药剂以当地植保部门推荐的为主，如溴氰菊酯、高效氟氯氰菊酯、吡虫啉等。

七、柑橘锈壁虱

（一）形态识别

其为蛛形纲，蜱螨目，毛螨科。成螨体长为

0.1～0.2毫米，呈黄白色，肉眼不易见，头部附近有足两对，体躯前部较粗，尾端较细。年生10余代。

（二）症状

以成螨或幼螨群集在叶背和果实表面吸汁为害。被害部位形成铁锈状斑。严重时引起落叶，影响产量。果实被害后表皮细胞破坏，果皮粗糙，果皮变黑，形成“紫柑”，严重时造成落果。

（三）防治

1. 及时检查虫情。在上年该螨为害较严重的柑橘园，从5月份开始，用20倍手持放大镜，以对角线取样5点，共取10株树，每株随机调查10片叶（后期查果实），观察叶背面（或果面）4个视野，求出每叶（果）的平均虫数。若每叶（果）平均虫数达到5头以上时，应立即喷药。

2. 冬季结合清园。对为害严重的柑橘园，采果后喷一次杀螨剂，把它消灭在越冬前，减少翌年虫源。过迟喷药，若导致越冬的虫已进入越冬场所，防治效果会很差。

3. 保护利用天敌。该螨天敌为草蛉、瓢虫、钝绥螨等。还有唯一重要的汤普森多毛菌，是自然抑制该螨的益菌。必须重视少施药，多选用矿物油类及对天敌杀伤小的药剂。

4. 药剂防治。在冬季清园后进行第一次喷药，这是控制锈壁虱全年为害的关键。药剂以当地植保部门推荐的为主，如阿维菌素等。

第六节　茶叶病虫害

一、茶白星病

（一）症状

茶白星病主要为害嫩叶和新梢。得病后初生针头大的褐色小点，后渐扩大成圆形小病斑，直径小于2毫米，中央凹陷，呈灰白色，周围有褐色隆起线。后期病斑散生黑色小粒点，一张嫩叶上可多达百多个病斑。

（二）防治

1. 分批采茶、及时采茶可减少该病浸染，减轻发病。

2. 提倡施用酵素菌沤制的堆肥，增施复混肥，增强树势，提高抗病力。

3. 于3月底至4月上旬春茶初展期施药防治，药剂以当地植保部门推荐的为主，如多菌灵、甲基硫菌灵等。

二、茶饼病

（一）症状

嫩叶初发病时，上面产生淡黄色或红棕色半透明小点，后渐扩大并下陷成淡黄褐色或紫红色的圆形病斑，直径为2～10毫米。叶背病斑呈饼状突起，并生有灰白色粉状物，最后病斑变为黑褐色溃疡状。偶尔也有在叶正面呈饼状突起的病斑，导致叶背面下陷。叶柄及嫩梢被感染后，膨肿并扭曲，严重时，病部以上新梢枯死。花蕾及幼果偶尔发病。

（二）防治

1．农业防治。①勤除杂草，清除茶园及周围野生灌木，使之通风透光，适当增施钾肥，增强树势，减少发病。②分批多次采摘，尽量少留嫩叶在茶树上，减少浸染机会。③及时清除越夏茶树上的病叶，减少浸染来源。

2．化学防治。在发病初期施药防治。药剂以当地植保部门推荐的为主，如多抗霉素、甲基托布津、硫酸铜等。

三、茶炭疽病

（一）症状

茶炭疽病主要为害当年生成叶，老叶和嫩叶发病较少。其先在叶尖或叶片边缘产生水渍状浅绿色至暗绿色病斑，后沿叶脉扩展为半透明黄褐色不规则病斑，边缘浸润性逐渐扩大，后期由褐色变为灰青色，病健组织分界明显，病斑大小常以中脉为界。病部生出黑色小粒点，即病原菌的子实体分生孢子盘。早春老叶上有病斑，多是越冬后期的病斑。

（二）防治

1．选用抗病品种。

2．提倡施用酵素菌沤制的堆肥或茶复混肥，采用配方施肥技术，适当增施磷、钾肥，提高抗病力。

3. 摘除病叶。

4. 5月下旬至6月上旬、8月下旬至9月上旬雨季到来前后是防治该病的适期，生产上应掌握在各轮新梢一芽一叶期施药防治。药剂以当地植保部门推荐的为主，如百菌清、甲基硫菌灵等。

四、茶尺蠖

（一）形态识别

成虫体长约为11毫米，翅展约为25毫米。体翅呈灰白色，翅面散生茶褐色至黑褐色鳞粉，前翅内横线、中横线、外横线及亚外缘线处共有4条黑褐色波状纹，外缘有7个小黑点。后翅线纹与前翅隐约相连。外缘有5个小黑点。卵为椭圆形，呈鲜绿色至灰褐色，常数十至百余粒堆成卵块，并覆有灰白色丝絮。成熟幼虫体长为26~30毫米，呈黄褐色、灰褐色至储褐色，第2~4腹节背面有隐约的菱形花纹，第8腹节背面有一明显的倒“八”字形黑纹。蛹长约为12毫米，呈红褐色，第5腹节两侧有一眼形斑。

（二）症状

为害严重时常将整片茶园啃食光，状如火烧，对茶叶生产影响极大。

（三）防治

1. 选用抗虫品种。

2. 秋冬季深耕施基肥进行灭蛹，清除树冠下表土中的蛹，从而减少虫源。

3. 放鸡啄虫。

4. 利用幼虫受惊后吐丝下垂的习性进行人工捕杀。

5. 药剂防治。该虫1、2代发生较整齐，3代有世代重叠的现象，生产上消灭3代前的茶尺蠖，对控制全年为害具有重要作用，在此基础上重视7、8月防治。防治药剂以当地植保部门推荐的为主，如杀螟松、天王星、晶体敌百虫等。

6. 对1、2、5、6代茶尺蠖，提倡施用茶尺蠖核型多角体病毒，进行生物防治。

五、茶毛虫

（一）形态识别

成虫体长为6~13毫米，翅展为20~35毫米。雌蛾稍大，体翅呈黄褐色；雄蛾稍小，呈褐色。前翅中间有2条淡黄色横纹，翅尖淡黄色区内有2个黑点。雌蛾体末端有黄色毛丛。卵成块产，卵块为椭圆形，上覆黄色茸毛。成熟幼虫体长约为20毫米，呈黄褐色。胸部3节稍小。各体节有8个黄色（前期）或黑色毛瘤，上生黄褐色毒毛。全体还密生长短不齐的黄色毒毛。蛹呈黄褐色，长约为9毫米，外有土黄色丝质薄茧，茧长为12~14毫米。

（二）症状

3龄前幼虫常数十头群集在一起取食叶肉，3龄后分散从叶缘取食。

（三）防治

1. 人工捕捉。每年11月至翌年4月，摘除越冬卵块，并保护寄生峰，捕杀幼虫。

2. 结合中耕培土，适时灭蛹。

3. 诱杀成虫。采取点灯诱蛾或性诱的方法。

4. 化学防治。最好在幼虫3龄以前进行。药剂以当地植保部门推荐的为主，如敌百虫、辛硫磷等。

六、小绿叶蝉

（一）形态识别

成虫体长为3.3～3.7毫米，呈淡黄绿色至绿色，复眼呈灰褐色至深褐色，无单眼，触角刚毛状，末端为黑色。前胸背板、小盾片呈浅鲜绿色，常具白色斑点。前翅半透明，略呈革质，为淡黄白色，周缘具有淡绿色细边。后翅为透明膜质，各足胫节端部以下为淡青绿色，爪呈褐色；跗节为3节；后足为跳跃足。腹部背板色较腹板深，末端呈淡青绿色。头背面略短，向前突，喙为微褐色，基部呈绿色。卵为长椭圆形，略弯曲，长径为0.6毫米，短径为0.15毫米，呈乳白色。若虫体长为2.5～3.5毫米，与成虫相似。

（二）症状

成虫、若虫吸汁液，被害叶初现黄白色斑点，后渐扩展成片，严重时全叶苍白早落。

（三）防治

1. 及时分批采摘，减少其适宜的食料和产卵场所。

2. 清除杂草，减少虫源。

3. 采用药剂防治。夏茶前5月下旬至6月初，百叶虫量为6头以上，秋茶前百叶虫量为12头以上。宜在田间若虫占总虫量80%以上时施药。提倡篷面扫喷，不搞立体喷雾，以减少对天敌的伤害。药剂以当地植保部门推荐的为主，如吡虫啉、扑虱灵等。

第七节　农田杂草

一、主要杂草

（一）稗草

稗草是一年生禾本科稗属植物的总称，又称稗子、芒稗、水稗草。

1. 形态识别。成株株高为50～130厘米，秆直立或基部倾斜，无毛，丛生。叶鞘扁，松弛，呈绿色或微带紫色；无叶舌，叶片为条形，中脉比较宽，呈白色。花期为7～9月，花序为绿色或紫绿色，呈圆锥形。颖果呈白色，为椭圆形。稗草主要用种子进行繁殖。

2. 为害。春季地温稳定在10℃以上时开始出苗，7～8月开花，8～9月成熟。土壤湿润，无水层时，发芽率最高。稗草大面积发生时，与作物争肥争光，严重抑制农作物的生长。

（二）空心莲子草

1. 形态识别。成株株高为55～100厘米。茎基部匍匐地面，上部斜生，中空，具有不明显的四棱。

根从茎节的地方生长出来；叶对生，有短柄，叶片为长椭圆形至倒卵状披针形。头状花序单生在叶腋处。花为白色，有时不结子，由根茎出芽繁殖。因此空心莲子草既可以用种子进行繁殖，也可以用匍匐茎繁殖。

2. 为害。空心莲子草适合生长在池塘、沟渠、河滩湿地或浅水中，无论水田还是旱田都能生长，并且很难清除。

（三）节节菜

节节菜是千屈菜科一年生草本植物。

1. 形态识别。节节菜的成株株高为 10～15 厘米，茎披散或近直立，呈不明显的四棱形，表面光滑，有时下部伏地生根。叶对生，呈无柄或近无柄状；叶片为椭圆形，背脉突起。穗状花序从叶腋处生长出来，花小，呈淡红色。蒴果为椭圆形，有横条纹。种子狭长，呈棒状。节节菜主要用匍匐茎和种子进行繁殖。

2. 习性与为害：节节菜主要生长在水田或湿地上，是为害稻田的主要杂草。花果期为 9 月至次年 4 月。

（四）鸭舌草

鸭舌草是雨久花科一年生草本植物，别名鸭仔菜、兰花草、菱角草、田芋等。

1. 形态识别。成株株高为 20～30 厘米。主茎极短，植株基部生有匍匐茎，为海绵状，且多汁。其有

5～6片叶，卵为圆形或卵状披针形，顶端逐渐变尖。总状花序从叶鞘内伸出，花被为蓝紫色，蒴果为长卵形。种子较细小，为椭圆形，呈灰褐色，有纵条纹。鸭舌草主要用种子进行繁殖。

2. 习性与为害。鸭舌草通常在4月下旬开始发芽，5～6月发生量较大，9～10月开花结实，11月枯死。它通常生长在湿地或浅水中，繁殖力强，但出苗不整齐，进入水稻生育中期，仍有新苗长出来。鸭舌草主要为害水稻等水田作物。

（五）眼子菜

眼子菜是眼子菜科多年生水生漂浮草本植物，别名竹叶草、水上漂、鸭子草等。

1. 形态识别。茎较细长，节上生根，匍匐生长。叶片分浮水叶、沉水叶两种。浮水叶呈黄绿色，叶表光滑，为长椭圆形；沉水叶狭长，叶缘波状，呈褐色。穗状花序从浮水叶的叶腋处抽生出来，花呈黄绿色。小坚果为宽卵形，背部有3个脊，侧面两条较钝，基部有两个突起。

2. 习性与为害。眼子菜的花果期在每年的6～8月。它主要生长在稻田、池塘及河流的浅水处，通常用地下茎繁殖，繁殖力强，是为害稻田的恶性杂草。

（六）碎米莎草

碎米莎草是莎草科一年生草本植物。

1. 形态识别。碎米莎草的成株株高为10～85厘米，秆丛生，呈扁三棱状。叶从茎基部抽生出来，比秆短。穗状花序呈卵形，小穗排列比较松散，为长椭圆形。小坚果为三棱状倒卵形，呈黑褐色。碎米莎草通常用种子进行繁殖。

2. 习性与为害：碎米莎草主要生长在湿润的农田、路旁或荒地中，每年的5月上旬出苗，6~7月达到发生高峰，8月开始开花，9~10月结实，11月干枯。它主要为害水稻以及低湿地的大豆、棉花等作物。

（七）陌上菜

陌上菜是玄参科、母草属，一年生草本植物。

1. 形态识别。陌上菜的茎直立无毛，从基部分枝，高为5~20厘米；叶无柄，为对生，叶片为椭圆形；花小，呈粉红色；根系发达，生长细密成丛。其主要用种子进行繁殖。

2. 习性与为害。陌上菜在每年的7~10月份开花，9~11月份结果。陌上菜喜欢生长在潮湿、积水的地方，是稻田和路边的常见杂草，发生量比较大，为害也比较严重。

（八）水蓼

水蓼又称辣蓼、水马蓼，是蓼科一年生草本植物。

1. 形态识别。成株株高为30~70厘米，茎直立或下部伏地生长，根从茎着地的部位长出来。它的叶为互生，有短柄；叶片为披针形，顶端逐渐变尖，基部为楔形。它的花序细长，呈穗状，从植株顶端或叶腋的部位抽生出来；花的颜色为淡红色或淡绿色；瘦果为卵形，呈暗褐色，形状为三棱形。水蓼通常用种子进行繁殖。

2. 习性与为害。水蓼喜欢生长在湿润的地方，可以常年生长在水中。它的根系发达，常大面积密生为害农田。其主要为害水稻和其他低湿地作物。

二、稻田杂草的防除

水稻、莲藕、席草等都是长在水田中的作物，其中，水稻在我国可以算是最重要的水生作物。下面，以水稻田杂草防除为例介绍水田杂草的防除技术。

稻田杂草是影响水稻高产优质的重要因素，不仅同水稻争肥、争光、争空间，影响稻苗正常生长，而且成为水稻病虫害的中间寄主和传播媒介，加重了水稻病虫害的为害程度。化学除草具有快速、高效、省力的优点，是当前控制农田杂草的关键措施。稻田杂草化学防除应以预防为主，尽量把大量杂草消灭在萌芽期和幼苗阶段。

（一）直播稻田杂草防除

直播稻田杂草与水稻同步生长，发生期长，加上水稻播种后干湿交替，十分有利于旱生和湿生等多种杂草的生长，因此会导致杂草种类多，除草难度大，技术要求高。只有根据直播稻田杂草的发生规律，选用合适的药剂，掌握施药技术，才能安全、有效地防除直播稻田中的杂草。目前，直播稻田化学除草已经形成了“一封、二杀、三补”的技术体系。

“一封”是指在水稻播种后，出苗前灌一次透水，等水自然落干后进行第一次化学除草。可以选择当地推荐的药剂喷雾，能够有效地控制第一个出草高峰的发生。

“二杀”是指由于直播稻田杂草量大，出草期长，通常一次防除不能控制全部杂草。因此要做好中期稻田杂草的防除工作，针对杂草的种类，对症下药。

“三补”是指在直播水稻生长后期，阔叶杂草和莎草科杂草为害比较严重，应做好后期稻田杂草的防除工作。

（二）育秧移栽稻田杂草防除

1．秧田杂草防除。①在播种后，出苗前，对土壤进行封闭处理。②在秧苗二叶一心期，稗草2~5叶期，进行苗期茎叶处理，施药后注意保持床面湿润。

2．大田杂草化学防除技术。①在水稻移栽后4~6天，先向稻田中灌水30~50毫米深，注意不要使水淹没水稻心叶，施药可以有效地防除稗草和莎草科杂草。②对前期除草效果差，杂草发生量大的田块，在水稻拔节期，及时排干田间水层，开展具有针对性的化学除草工作。

三、麦田杂草的防除

麦田杂草化学防除要本着治早治小的原则，防治时期以秋季小麦分蘖期防治为主，以春季小麦返青期防治为辅。秋季小麦分蘖期，田间大部分杂草已出苗，此期杂草小、根系弱、抗药能力差，麦苗抗药力强，施用较小的药量即可取得理想的除草效果，对小麦安全。春季施药，由于杂草已长大，根系发达、抗药能力增强，同时小麦苗长大，使大量药液被麦叶截留，只有少部分药液喷到杂草上，不利于提高除草效果。

第二章
农药安全使用技术

第一节　农药基础知识

一、农药

农药是用于预防、消灭或者控制为害农业、林业的病、虫、草和其他有害生物以及有目的地调节植物、昆虫生长的化学合成或者来源于生物、其他天然物质的一种物质或者几种物质的混合物及其制剂。

二、我国已经禁用和限用的农药

我国已全面禁止使用的农药有：甲胺磷、除草醚、甲基对硫磷、艾氏剂、对硫磷、狄氏剂、久效磷、汞制剂、磷胺、砷类、铅类、六六六、滴滴涕、敌枯双、毒杀芬、氟乙酰胺、二溴氯丙烷、甘氟、杀虫脒、毒鼠强、三溴乙酸钠、毒鼠硅等。

我国在蔬菜、果树、中草药、茶树上限制使用的农药有：甲拌磷、甲基异柳磷、甲基硫环磷、治螟磷、内吸磷、克百威、涕灭威、灭线磷、硫环磷、蝇毒磷、地虫硫磷、氯唑磷、苯线磷。在茶树上还限用三氯杀螨醇、氰戊菊酯。另外，还在甘蓝上限用氧化乐果，在甘蔗上限用特丁硫磷，在花生上限用丁酰肼。

三、农药标签上的内容

农药标签应当注明农药名称、有效成分及含量、剂型、农药登记号或农药临时登记证号、农药生产许可证号或者农药生产批准文件号、产品标准号、企业名称及联系方式、生产日期、产品批号、有效期、重量、产品性能、用途、使用方法、毒性及标示、注意事项、中毒急救措施、贮存和运输方法、农药类别、象形图及其他以农业部核准要求标注的内容。产品若附有说明书，说明书应当标注前款规定的全部内容。标签至少应当标注农药名称、剂型、农药登记证号或农药临时登记证号、农药生产许可证号或者农药生产批准文件号、产品标准号、重量、生产日期、产品批号、有效期、企业名称及联系方式、毒性及标示，并注明“详见说明书”字样。杀鼠剂产品标签还应印有或贴有规定的杀鼠剂图案和防伪标示。分装的产品标签还应当与生产企业所使用的标签一致，并同时标注分装企业名称及联系方式、分装登记号、分装农药的生产许可号或者农药生产批准文件号、分装日期，有效期自生产日期起计算。

四、农药“三证”

农药“三证”是指“农药登记证”、“产品标准证”、“生产许可证”或“生产批准证”。

（一）农药生产批准证

农药是精细化工品，也是有毒物质。为保证农药产品的质量，国家规定生产农药的厂家必须具备特定的厂房、设施、技术和管理等条件，经省（市）化工厅（局）审查，并上报化工部批准后才能生产。国家对于农药的生产有一定的布局和限制，农药生产批准证就是获得国家批准允许生产的重要证书。

（二）农药标准证

农药标准证是农药产品质量的技术指标及其检测方法标准化的规定。每个商品化的农药都必须制定农药标准，并有一个标准号。没有标准号的农药产品，不准进入市场。

我国的农药标准分为：企业标准、行业标准和国家标准。

1．企业标准。企业标准是由企业或生产厂家自己制定的标准，要经地方技术监督行政部门批准后才能发布实施，并且这个企业标准只有制定标准的厂家施用。农药新产品要投产，必须首先具备企业标准。

2．行业标准。当一个农药产品已有多个厂家生产，产量增多，质量提高时，就需要制定行业标准。

一个农药产品的行业标准一经批准颁布，各有关生产厂家都必须遵照执行。原来企业自己制定的企业标准（往往水平相对低）则停止使用。行业标准也可叫部颁标准，因为它是由全国农药标准化技术委员会审查通过，由工倍部批准并发布实施的。

3. 国家标准。当一个农药产品的产量有了进一步的增加，质量有了更进一步的提高时，则需要制定国家标准。国家标准由全国农药标准化技术委员会审查通过，由国家质检总局批准发布实施。

（三）农药登记证

为确保农药的质量和药效，在生产、流通、使用过程中，对人、畜的安全性，使用后对植物、水、土、空气等环境的影响，在农药进入市场之前，生产厂家必须向国家主管农药登记的机构（农业部农药检定所）申请登记，经审查批准发给登记证后，方可组织生产，作为商品销售。中华人民共和国农药管理条例第二章中已作了明文规定。

农药登记证分临时登记证和正式登记证两大类：

1. 临时登记证。农药生产厂对其生产的农药经过田间小试验后，为通过示范试验获得进一步的资料和少量的试销、试用，须申请临时登记证。申请临时登记证时，必须提供产品化学、毒理学、药效、残留、环境生态和标签等详细资料。临时登记证有效期一般为1~2年。

2. 正式登记证。在经过国内田间试验和残留试验取得完整数据，毒理学和环境生态也具备了完整的资料后，作为正式商品流通的农药，还须申请正式登记证。正式登记证一般是临时登记证的补充，资料更为完善。正式登记证有效期为5年。

第二节 常见农药种类及用途

一、农药分类

（一）按防治对象分类

可分为杀虫剂、杀螨剂、杀软体动物剂、杀线虫剂、杀菌剂、除草剂、植物生长调节剂、杀鼠剂等。

（二）按来源分类

可分为矿物源农药（无机农药）、化学农药（有机合成农药）、生物源农药、植物源农药、生物化学农药、转基因生物、天敌生物等。

（三）按农药原药的毒性分类

可分为高（剧）毒农药、中毒农药、低毒农药等。

（四）按化学结构分类

从大的方面可分为无机化学农药和有机化学农药。

二、杀虫剂

杀虫剂是指用于预防、消灭或者控制害虫的农药。为害农林业的害虫、卫生害虫、畜禽体内外的寄生虫及仓储害虫等都是杀虫剂的防治对象，主要有胃毒、触杀、熏蒸三种杀虫方式。

（一）有机磷杀虫剂使用注意事项

有机磷杀虫剂在使用中的注意事项分为以下六点：一是有机磷杀虫剂遇碱易分解，不能和碱性农药混合使用；二是有些作物对有机磷药剂比较敏感，应避免药害，最好先进行小面积试验再决定是否进行大面积使用；三是有机磷类药剂具有胃毒、触杀、熏蒸、内吸等多种作用方式，使用时应注意选择应用；四是有机磷类药剂一般温度高时，毒性更大；五是有些药剂对光敏感；六是注意用药安全间隔期。

（二）氨基甲酸酯类杀虫剂使用注意事项

氨基甲酸酯类杀虫剂在使用中的注意事项分为以下五点：一是氨基甲酸酯类杀虫剂遇碱易分解，不能和碱性农药混合使用；二是瓜类蔬菜对甲萘威敏感，易产生药害，应慎用；三是多数氨基甲酸酯类杀虫剂具有胃毒、触杀作用；四是该类药剂和有机磷类似，一般温度高时，毒性更大；五是注意用药的安全间隔期。

（三）拟除虫菊酯类杀虫剂使用注意事项

拟除虫菊酯类杀虫剂在使用中的注意事项分为以下五点：一是拟除虫菊酯类杀虫剂一般对水生生物毒性较高，使用时注意不要污染水源；二是拟除虫菊酯类药剂杀虫速度快，但是连续使用很容易产生抗药性；三是多数不含氟的菊酯类杀虫剂不具有杀螨活性；四是拟除虫菊酯类杀虫剂脂溶性强，多数以触杀作用为主，一般没有熏蒸和内吸作用，因此喷药时要均匀；五是不能和碱性药剂混用。

（四）新烟碱类杀虫剂使用注意事项

新烟碱类杀虫剂主要包括吡虫啉、啶虫脒、烯啶虫胺、噻虫胺、噻虫嗪、噻虫啉和呋虫胺等。对害虫和有益生物选择性强，对哺乳动物安全，且与传统的农药之间不易产生交互抗性。在使用中的注意事项：一是不宜与碱性农药或物质混用；二是由于其残效期长，应严格执行安全间隔期；三是对蜜蜂、家蚕等有较高毒性，因此不适宜在蜂场附近、桑树和蜜源作物上使用；四是注意与其他类型杀虫剂的轮换、交替或混合使用，以延缓害虫抗药性的产生。

（五）防治鳞翅目害虫应注意的事项

防治鳞翅目害虫时应注意的事项为：一是害虫发生初期，以挑治为主，避免盲目全面施药；二是明确最佳的防治时期，一般鳞翅目害虫应在三龄前防治；三是科学选择药剂；四是避免长期、高浓度、重复使用单一杀虫品种，以延缓抗药性的产生。

（六）防治刺吸式口器害虫应注意的问题

刺吸式口器害虫通过直接刺吸植物汁液而造成危害，一般移动性较小。在药剂防治中应注意：一是最好选择具有内吸传导活性的杀虫剂；二是对身披蜡质介壳的蚧类害虫，应选择若虫孵化不久、尚未形成蜡质壳时进行防治，若已形成介壳，应选择渗透性强的药剂，或在药剂中加入洗衣粉等增加穿透介壳的能力；三是注意不同作用机制杀虫剂间的混用、轮用，避免刺吸式口器害虫迅速产生抗性；四是注意适当加大药液量（水量），力求施药均匀。

（七）避免害虫产生抗药性

长期、连续地在同一地区大量、单一使用同种（类）杀虫剂，会导致害虫抗药性的产生。应坚持以下害虫防治原则，以避免或延缓害虫抗药性的产生：一是综合防治，将化学、物理、生物、农业防治有机结合，调整作物布局、完善耕作制度，尽量使用微生物及植物源杀虫剂，克服单一使用化学农药的现象，同时尽量减少化学农药的使用量和使用次数，降低对害虫的选择压力；二是改进施药方式，首先加强预测、预报工作，选好对口农药，抓住关键时期用药，同时采取隐蔽施药、局部施药、隔行施药等施药方式，保护天敌和小量敏感害虫，使害虫难以形成抗药性种群；三是交替用药，交替使用不同作用机制的药剂，避免连续使用单一药剂，以阻碍害虫抗性群体的形成；四是混合用药，不同作用机制的药剂混合使用，或现混现用，或加工成制剂使用；五是使用增效剂和助剂，增效剂与杀虫剂混合能大大提高杀虫效果，延长杀虫剂的使用寿命；六是分区施药，可依据害虫迁移的距离，在不同的方位使用不同类型的药剂。

三、杀螨剂

杀螨剂是指用于防治害螨的一类农药，通常只杀螨不杀虫。

四、杀线虫剂

杀线虫剂是防治植物病原线虫的农药。一般易挥发或具有内吸性，持效期长，可分为土壤处理剂、空间熏蒸剂、表面喷布剂和浸渍剂等。

五、杀菌剂

杀菌剂是对防治作物病害的农药的统称，主要是指一类对植物病原菌（真菌、细菌、病毒）有毒，在一定的剂量或浓度下，具有杀死这些病原菌，或抑制其生长发育的物质以及对病原微生物无直接毒力但能提高植物抗病能力，从而减轻或抑制病害发生的物质。

（一）杀菌剂的选择

杀菌剂的选择应注意以下七点：一是病害发生前选用保护性杀菌剂，病害发生初期选用内吸性杀菌剂或与保护性杀菌剂混合使用；二是根据传病规律，采取相应的对策；三是针对作物需防治的病害，对症选药；四是重视一些常用保护性杀菌剂的使用，不要刻意追求高效、内吸、广谱杀菌剂；五是不能连续使用同一种杀菌剂，也不能一个生长期连续多次用同一类杀菌剂，对内吸性杀菌剂应限制使用次数，轮换使用其他不同作用机制的杀菌剂；六是长期使用内吸性杀菌剂，病菌易产生抗药性，使用时可与保护性杀菌剂如代森锰锌等配合使用；七是防止不正确的混用。

（二）保护性杀菌剂使用中应注意的问题

一般保护性杀菌剂不能渗透到植物体内部，只能保护施药处免受病菌浸染。保护性杀菌剂应有较强的附着力、一定的残效期，喷施要覆盖均匀。使用保护性杀菌剂时，首先要了解需要防治的发病部位、初浸染的时期及其发生的主要阶段等，做到有的放矢地施药。其次要连续施药，因为一般保护剂的持效期为5～7天，因此要每间隔5～7天喷药一次。另外，保护剂施用后，并不能马上见到药效，需经过一定时间后才能看出防病效果。

（三）内吸性杀菌剂使用中应注意的问题

一般内吸性杀菌剂要求药剂有一定的内吸性和渗透性，在使用上不刻意要求覆盖均匀。使用内吸性杀菌剂的关键是把握准确的施药时期。内吸性杀菌剂并不是什么时期施药都能有效，内吸性杀菌剂可以比保护剂推迟施药，即在病害发生初期施药。

（四）杀菌剂的使用方法

杀菌剂的使用方法为：一是针对田间地上作物喷施；二是土壤消毒；三是种苗消毒。

六、种衣剂

种衣剂是由农药原药（杀虫剂、杀菌剂等）、成膜剂、分散剂、防冻剂和其他助剂加工制成的，可直接或经稀释后包覆于种子表面，具有一定强度和通透性的保护层膜的农药制剂。

（一）种衣剂使用时应注意的安全问题

种衣剂使用时应注意的安全问题为：一是药肥复合型的种衣剂有些品种也具有较强毒性，因此在使用过程中一定要严格执行操作规程；二是种衣剂为固定型号，除个别产品注明要加水稀释外，一般不能加水，更不能添加其他药肥；三是种子包衣后一般要存放两周以上，让药膜充分固化后再使用，以免药膜脱离，影响药效；四是药肥型种衣剂不能与除草剂敌稗同时使用，要有一定的间隔期，否则容易发生药害或降低种衣剂效果；五是生物型种衣剂不能与含铅物质及链毒素等医用杀菌剂混用，但可与一般农药、化肥、激素等混合使用，但最好在使用前做试验；六是包衣种子播前无需再经药剂拌种或浸种；七是凡含有呋喃丹的各种型号种衣剂，都不能在瓜果、蔬菜上应用，尤其是不能在叶、芽类的蔬菜上应用，也不能将它稀释作水剂喷施；八是包装容器不能用于其他用途；九是禁止用种衣剂包衣的种子出的苗喂牲畜；十是在田间若发现有死虫、死鸟等时，应集中深埋，防止家禽、家畜误食发生二次中毒。

七、除草剂

除草剂是指可使杂草彻底地或选择性地发生枯死的药剂。

（一）除草剂分类

除草剂可以依据不同的方式分成不同的类别。一般可以依据作用性质分为灭生性和选择性除草剂；按作用方式分为内吸性和触杀性除草剂；按施药对象分为土壤处理剂和茎叶处理剂；按施药时间分为播前处理剂、播后苗前土壤处理剂和苗后处理剂；按化学结构大至分为酚类、苯氧羧酸类、苯甲酸类、二苯醚类、联吡啶类、氨基甲酸酯类、硫代氨基甲酸酯类、酰胺类、三嗪类、取代脲类、均三氮苯类、二硝基苯胺类、有机磷类、芳氧基苯氧基丙酸酯类、磺酰胺类、磺酰脲类、环己烯酮类、咪唑啉酮类以及其他杂环类等。

1. 除草剂的选择性。除草剂的选择性是指除草剂对作物和要防除的杂草之间的毒性差异。

2. 除草剂的生物化学选择性。生物化学选择性多为植物本身的生物化学特性差异产生的选择性。

3. 除草剂的生理选择性。生理选择性多为植物茎、叶或根系对除草剂的吸收和传导的差异产生的选择性。

4. 除草剂的形态选择性。形态选择性是指植物的形态，如叶片的形状、直立程度、表面结构、生长点的位置等。其直接影响药液的附着量和吸收量，因此形成除草剂的形态选择性。

5. 灭生性除草剂。灭生性除草剂是不加选择地杀死各种杂草和作物的除草剂。

6. 选择性除草剂。选择性除草剂能杀死杂草又不伤害作物，或是能防除某些杂草而对另一些杂草无效，或是对某些作物安全而对某些作物有害的除草剂。

7. 内吸性除草剂。喷施后能够被杂草的根、茎、叶或芽鞘等部位吸收进入杂草体内，并在杂草体内输导运送到全株，破坏杂草的内部结构和生理平衡，从而使杂草枯死，这类除草剂称为内吸性除草剂。

8. 触杀性除草剂。触杀性除草剂是指与杂草植株（主要是叶与茎）发生接触时而产生杀草作用的除草剂。触杀性除草剂只能杀死直接接触到药剂的杂草的地上部位，对杂草的地下部分无效，因而主要用于防除一年生杂草，施药时要喷洒均匀。

9. 茎叶处理除草剂。茎叶处理除草剂施于杂草的茎叶，并主要通过叶片、茎与芽吸收并传导进入植株内部，从而防除杂草。

10. 土壤处理除草剂。土壤处理除草剂即是以土壤处理法施用的除草剂，把药剂喷洒于土壤表层，或通过混土把药剂拌入一定深度的土壤，形成一个封闭的药土层。土壤处理除草剂则经根、幼芽或胚芽鞘、下胚轴吸收，在木质部与蒸腾流一起向上运转。土壤处理除草剂一般在作物播种后出苗前施药，施用时要求土壤有一定墒情，施用后不要动土。

11. 播前处理。播前处理是指作物播种或移栽前施用除草剂防除杂草。

12. 播后苗前处理。播后苗前处理是指作物播种后在出苗前使用除草剂处理土壤表面的方法。

13. 苗后处理。苗后处理是作物出苗后使用除草剂防治杂草，可分为苗后茎叶处理和苗后土壤处理等。苗后土壤处理主要用于水稻移栽后的土壤处理以及某些夏季作物进行苗后茎叶处理的同时加入某些土壤处理剂，以杀死已经萌发而未出苗的杂草。苗后茎叶处理又称生育期茎叶处理，包括利用选择性除草剂直接喷施，利用保护措施喷施或涂抹灭生性的除草剂。

14. 影响除草剂药效因素。一是杂草的种类及大小，不同杂草长在不同作物田中需用不同除草剂去防除，同时杂草不同生育期对除草剂的敏感性也不同。二是温度，杂草在较高温度下生长发育快，同时吸收传导除草剂的能力增强。三是湿度，空气湿度大，能促使杂草气孔开放及延长除草剂药滴在杂草叶面滞留的时间，这能增加药液进入气孔的机会和传导速度；空气湿度很小，气孔关闭，药液挥发快，不利于吸收。但当湿度大到饱和时，药滴不能被叶吸收就会从叶片上流失，也达不到预期效果。四是降水，对叶面喷雾除草剂来说，下大雨会将除草剂药滴冲走，影响药效。但不同类型除草剂的情况会不同，水剂和可湿性粉剂最不耐雨水淋冲。对土壤处理除草剂来说，土壤太干则不利于除草剂发挥效果。施药后降雨 5 ~ 10 毫米反而能促进药效的发挥，当然下雨造成径流就会有害。五是光，光与作物和杂草的生长有直接关系。对乙氧氟草醚等光化性除草剂来说，有光能更好地发挥药效。但对氟乐灵、地乐胺光分解的除草剂来说，则应及时将它们耙入土中，否则容易被光解和挥发，影响药效。对莠去津等抑制光合作用的除草剂来说，光合作用旺盛，光合产物多，有利于除草剂随光合产物流传导到作用部位，从而发挥药效。六是土壤条件，沙性强、有机质少的土壤对除草剂的吸附力弱于黏性强、有机质多的土壤，这样药剂更易被杂草吸收，用药量也应少些，否则容易出现药害或被淋溶。黏性强、有机质含量高的土壤吸附除草剂的能力强，部分除草剂被固定，加上有机质含量高，土壤微生物也活跃，降解除草剂的能力强，相对降低了药效，所以就应适当提高除草剂的用量。酸碱度（pH）同除草剂的药效挥发能力和降解速度有关。土壤含水量与除草剂的药效有关。

15. 除草剂对作物产生药害的原因。除草剂对作物产生药害的原因有很多，如药剂本身的选择性、使用技术、环境条件等，多数情况下还是由于使用不当造成的。常见的原因有使用过量或误用、药剂挥发或喷药时雾滴飘移、施药时温度过高或过低、土壤条件不合适、除草剂混用不当、上茬作物使用除草剂残留药害等。因此使用除草剂时要严格按照说明书的要求操作。

16. 避免除草剂的药害。一是要正确选择除草剂品种，对不熟悉的品种或在当地没有使用过的品种最好先做一下试验。二是坚持对农民进行培训和技术人员指导，发展专业化队伍。三是利用安全剂预防药害产生。四是利用植物生长调节剂、水肥等措施促进作物生长，从而减轻除草剂药害。五是利用耕翻土地、灌水泡田等措施消除前茬使用的除草剂残留。

八、植物生长调节剂

植物生长调节剂是一类与植物激素具有相似生理和生物学效应的物质。已发现具有调控植物生长和发育功能的物质有生长素、赤霉素、乙烯、细胞分裂素、脱落酸、油菜素内酯、水杨酸、茉莉酸和多胺等，而作为植物生长调节剂被应用在农业生产中的主要物质是前六大类。

生长素类调节剂具有促进插枝生根、延缓或促进器官脱落，控制雌雄性别、诱导单性结实等作用。

九、杀鼠剂

杀鼠剂是指防治啮齿类动物的一类农药，包括通过胃毒和熏蒸作用直接毒杀或通过化学绝育和趋避作用间接防治的各种药剂。

（一）杀鼠剂的类型

杀鼠剂种类很多，按作用方式可分为胃毒剂、熏蒸剂；按来源分为无机杀鼠剂、有机合成杀鼠剂和天然植物杀鼠剂；按杀鼠的作用特点分为速效性杀鼠剂和缓效性杀鼠剂。

（二）灭鼠毒饵的特点

灭鼠毒饵的特点为：一是理化性质相对稳定，不易失效；二是在生物体内无累积性毒性且对害鼠毒力适中，无二次中毒现象，鼠类不易产生抗药性并对人畜及环境安全；三是为避免引起其他鼠类个体的警觉，中毒症状不应过于剧烈，且药力发作时间应适宜，以给害鼠留出吃下致死量的足够时间；四是非靶标动物拒食或难以取食，但鼠类喜食。

十、生物农药

生物农药是指用来防治农林牧业有害生物的活的生物体，可分为三大类：天敌昆虫（寄生性天敌、捕食性天敌）、天敌微生物（细菌、病毒、真菌、线虫、原生物）和遗传工程生物（转基因植物、遗传工程微生物、遗传工程昆虫）。

十一、植物源农药

植物源农药是指有效成分来源于植物体的农药。植物源农药具有环境相容性好、作用方式多样性强、对高等动物及害虫天敌安全、不易产生抗药性、对农作物安全等特点。

十二、微生物源农药

微生物源农药是指由细菌、真菌和放线菌等产生的可以在较低浓度下抑制或杀死其他生物的低分子量的次生代谢物，也称为农用抗生素。

第三节 安全用药的重要性

安全用药包括四方面的内容。长期以来，生产中片面强调对施药人员的安全，而没有重视对作物、环境和消费者的安全。

一、对施药者的安全

保证施药人员的安全的有效办法是加强农民教育和培训，使农民对农药有足够的了解和认识，以科学的方法、在适当的时候将农药应用到相应的靶标上，并根据“预防主为，综合防治”的原则，尽量采用综合治理的方法，减少不必要使用农药和不恰当使用农药。同时知道如何正确贮藏农药、保管农药，避免农药误用滥用，以防产生非生产性中毒事件的发生。

二、对作物的安全

安全用药对作物的安全包括对当季作物的安全和对下季作物的安全。有些长残留期除草剂，虽然对当茬作物没有影响，但是由于在土壤中残效过长，在轮作农田中对后茬敏感作物将会造成严重药害。

对作物的药害还分两种：显性药害和隐性药害。有些药害症状明显，比如白化、灼伤、斑点、死苗等，属于显性药害；有些药害在外表上并不容易看出来，属于隐性药害。

三、对环境的安全

安全用药对环境的安全包括对非靶标生物，如禽畜、天敌、鸟类、蜜蜂、鱼虾等的安全，也包括对地下水、大气等自然资源的安全。使用农药时，要避免污染水源和环境，使用合适、高性能的喷洒工具；空置的农药包装物，必须清洗三次以上，再到远离水源的地方掩埋或焚烧。

四、对消费者的安全

安全用药对消费者的安全与人们日常生活最密切的是对农产品和食品的安全。食用农药残留超标的农产品有可能导致急性中毒、死亡，也可能造成其他症状的慢性中毒。

第四节　如何避免购买伪劣农药

一、假农药

假农药有以下特点：一是以非农药冒充农药或者以此种农药冒充他种农药；二是所含有效成分的种类、名称与产品标签或者说明书上注明的农药有效成分的种类、名称不相符合。

二、劣质农药

劣质农药有以下特点：一是不符合农药产品质量标准的；二是失去使用效能的；三是混有导致药害等有害成分的。

三、《农药管理条例》对假农药和劣质农药的规定

（一）禁止生产、经营和使用假农药。

（二）禁止生产、经营和使用劣质农药。

（三）生产、经营假农药、劣质农药的，依照刑法关于生产、销售伪劣产品罪或者生产、销售伪劣农药罪的规定，追究刑事责任；尚不够刑事处罚的，由农业行政主管部门或者法律、行政法规规定的其他有关部门没收假农药、劣质农药和违法所得，并处违法所得1倍以上至10倍以下的罚款；没有违法所得的，处10万元以下的罚款；情节严重的，由农业行政主管部门吊销农药登记证或者农药临时登记证，由工业产品许可管理部门吊销农药生产许可证或者农药生产批准文件。

四、如何避免购买伪劣农药

（一）看生产厂家及联系地址

正规生产厂家一般都按要求在农药的标签上详细标明生产厂家的地址、邮政编码、联系电话等，有些还有免费技术服务热线电话，这些信息有利于农药管理部门监督管理农药市场。而生产假冒伪劣农药的厂家往往没有按农药标签的要求写明生产厂家的信息，因此在购买农药时，必须看清标签上的相关信息。

（二）看农药“三证”

农药的“三证”是指“农药登记证号”、“产品标准证号”、“生产批准证号”，国内农药必须三证齐全才是正规产品，而国外农药仅有农药登记证。国外农药在国内分装的则包括“农药登记证号”、“分装登记证号”、“分装批准证号”和“执行标准证号”这“四证”。农药登记证号分为正式登记证（以PD字母打头）和临时登记证（以PS字母打头）两种。国内农药“三证”不全的，基本上为假冒伪劣农药。

（三）看有效成分

目前，农药商品名目繁多，有人在购买农药时，往往被一些好听的农药名称所吸引，以为是新农药，好产品，其实不然，很多非法厂商为了蒙骗农民，将一些老农药产品取一个商品名，换一个漂亮包装加以销售。按照农业部农药检定所的规定，凡是农药产品，在农药标签上应该注明该农药的中文通用名，只有少数进口新农药，因为尚未有合适的中文名，才准许使用英文通用名。而国内很多厂家未按农药标签上的有关要求，没有将中文通用名打上，因此农民朋友在购买农药之前，一定要仔细阅读标签，弄清楚农药的有效成分，对一些没有打上中文通用名的农药产品，购买时应慎重。

（四）看含量（重量或容量）

一部分人在买农药时有些固有的习惯，如以瓶、以包等来比较价格。因此很多厂家为了降低价格来竞争市场，降低每瓶或每包的重量或容量，从而达到降低价格的目的。如同为吡虫啉，目前市场中就有2%、5%、10%、25%等不同含量的产品，价格差别很大，而假冒伪劣农药往往利用购买者贪多的心理，通过降低含量而增加每包或每瓶的重量（容量）来达到牟利的目的。因此在购买农药时，应注意从农药含量，以每包或每瓶农药的重量（容量）来综合考虑，理智地购买农药。

（五）看农药使用技术、注意事项

农药商品成千上万，不同品种的农药用法用量、使用技术有很大的差别，一个成熟的农药品种，其使用技术很详细，很具体，而注意事项也很明晰。但目前一些假冒伪劣农药往往是走短平快的路子，骗一年就是一年，其产品的使用技术完全是从其他农药品种中抄袭过来的，注意事项也十分模糊。因此在购买过程中，应仔细阅读农药标签上的说明。

（六）看农药的有效期

农药只有在保质期内才能保证应有的效果，因此，农药的有效期是农药使用的前提条件。正规农药产品的生产日期十分清晰，有效期标注得很清楚，而有一些农药产品生产日期很模糊，甚至有些农药在滞销后，质量保证期已临近过期或已过期，生产厂家便改变产品的生产日期，然后进行销售（降低价格、提高重量等），因此，不要盲目购买过期或即将过期的农药。

第五节 安全操作规程

安全操作规程包含以下几方面：一是在农药使用前要认真阅读农药使用说明书或请教植保技术人员，明确使用的方法和使用的范围；二是配药和施药时要戴口罩、胶手套，穿着合适的衣物，防止药剂沾染皮肤、眼睛；三是不要使用损坏或漏水的喷雾器，施药时不要迎风操作，大风和中午高温时应停止施药；四是施药时不能进食、饮水、吸烟，施药后要及时更换衣服、清洗手脚和可能沾染农药的身体部位；五是施用过高毒性农药的地方要竖立警示标志，防止人及畜禽进入；六是不要让儿童、病人、“三期”（孕期、哺乳期、经期）妇女施药。施药人员应是身体健康的青壮年；七是操作人员如有头痛、头昏、恶心、呕吐等症状时，应立即离开施药现场，脱去污染的衣服，漱口，擦洗手、脸和皮肤等暴露部位，并及时送医院进行治疗。

第三章 常用植保机械使用、保养与故障排除

第一节 机动喷雾喷粉机

背负式机动喷雾喷粉机（以下简称“背负机”）是采用气流输粉、气压输液、气力喷雾的原理，由汽油机驱动的机动植保机具。

背负机由于具有操纵轻便、灵活、生产效率高等特点，广泛用于较大面积的农林作物的病虫害防治工作以及化学除草、叶面施肥、喷洒植物生长调节剂、城市卫生防疫、消灭仓储害虫及家畜体外寄生虫、喷洒颗粒等工作。它不受地理条件的限制，在山区、丘陵地区及零散地块上都很适用。

（一）背负机的种类

背负机产品品种有 10 多种，

主要差别在于：

1. 风机工作转速有 5 000 转/分、5 500 转/分、6 000转/分、6 500 转/分、7 000 转/分、7 500 转/分、8 000 转/分等几种，目前 5 500 转/分以下的背负机的年产量占全部年产量的 75% 以上。工作转速低的背负机，对发动机零部件的精度要求就低，可靠性易保证。但提高工作转速可减小风机结构尺寸，降低整机重量。因此目前国外背负机都在向高转速的方向发展。

2. 背负机的功率有 0.8 千瓦、1.18 千瓦、1.29 千瓦、1.47 千瓦、1.70 千瓦、2.1 千瓦、2.94 千瓦等几种。0.8 千瓦的小功率背负机主要用于庭院小块地的喷洒；1.18 ~2.1 千瓦的背负机主要用于农作物的病虫害防治；而 2.94 千瓦以上的大功率背负机，由于其垂直射程较高，主要用于林木、果树等的病虫害防治。

3. 根据风机的结构形式采用的离心风机有如下几种：一是闭式叶轮；二是半开式叶轮。闭式叶轮（图 3 -1）包括后弯式风机、径向式风机、前弯式风机。

4. 输粉结构有：外流道式，即药粉由药箱到喷管的输粉管在风机外侧；内流道式，即药粉由药箱到喷管的输粉管在风机内部。外流道式结构简单，维修方便；内流道式可减少药粉的泄漏，且外部整洁美观。

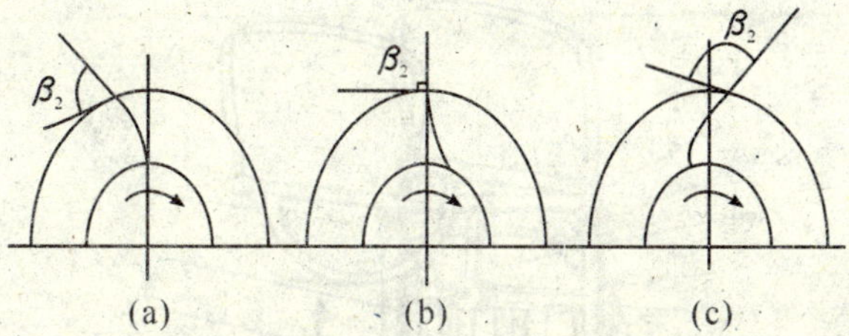

图 3－1 按叶片出口角分类的风机类型

(a) 后弯式 (b) 径向式 (c) 前弯式

（二）主要结构

背负机主要由机架、离心风机、汽油机、油箱、药箱和喷洒装置等部件组成。

1. 机架总成。机架总成是安装汽油机、风机、药箱等部件的基础部件。它主要包括机架、操纵机构、减震装置、背带和背垫等部件。

机架一般由钢管弯制而成。目前也有工程塑料机架，以减轻整机重量。机架的结构形式及其刚度、强度直接影响背负机整机的可靠性、震动等性能指标。18AC 型背负式机动喷雾喷粉机机架总成见图 3－2。

2. 离心风机。风机是背负机的重要部件之一。它的功用是产生高速气流，将药液破碎雾化或将药粉吹散，并将之送向远方。

背负机上所使用的风机均为小型高速离心风机。气流由叶轮轴方向进入风机，获得能量后的高速气流沿叶轮圆周切线方向流出。

按目前背负机的机型，其风机结构的主要形式有：前弯式（短叶片、长短组合叶片、长叶片）、后

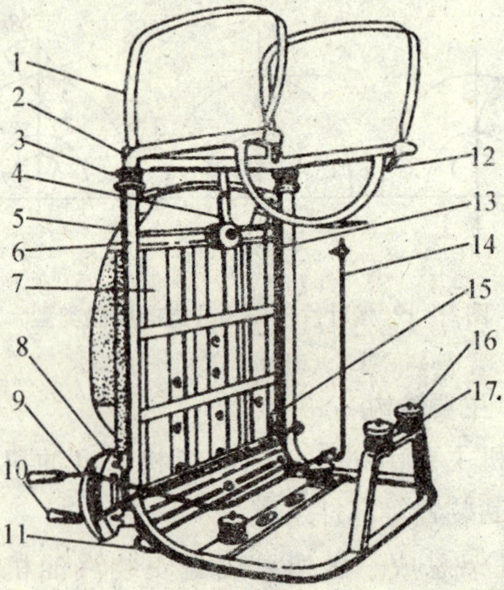

图 3－2 WFB－18AC 型背负式机动喷雾喷粉机机架总成

1. 夹带组件 2. 上机架焊合 3. 支撑组装 4. 吊耳 5. 背带 6. 机架焊合总成 7. 靠前总成 8. 调量壳 9. 油门轴焊合 10. 粉门轴焊合 11. 耳子 12. 固定耳子 13. 粉门拉杆 14. 油门拉杆 15. 接头 16. 减震壳 17. 支撑组装

弯式（长叶片、长短组合叶片）。图 3－3 为前弯式短叶片和后弯式长叶片风机的性能曲线。由图 3－3（a）可看出，前弯式风机的全压性能曲线变化平缓，并呈马鞍形。功率—流量曲线近似一条直线，较陡峭。

前弯式风机的优点是：比相同叶轮外径的后弯式风机的全压高，风量大。即在相同风压、风量的情况下前弯式风机的叶轮直径较小，结构紧凑。这种风机在效率最高处，全压往往也接近最大值。它的缺点是

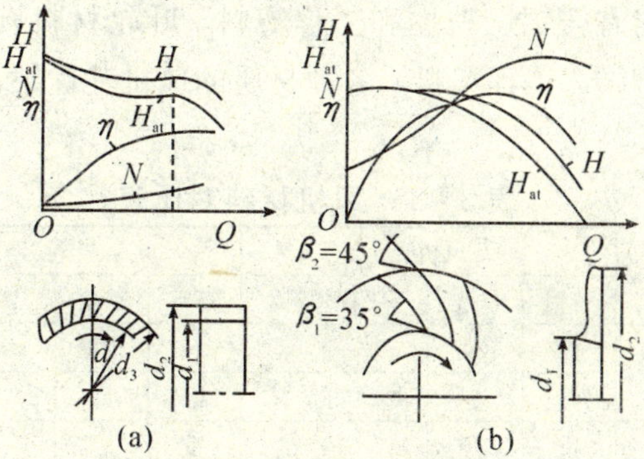

图 3－3　风机性能曲线

（a）前弯式短叶片　（b）后弯式长叶片

H—全压　H_{at}—静压　N—功率　Q—风量

功率曲线陡峭，可能造成动力过载。另外，在风压性能曲线的驼峰区段，风机的工作不稳定。

后弯式风机的性能曲线见图 3－3（b），与前弯式风机相比其特点是：①风压—风量性能曲线上没有驼峰区段，整个曲线较陡。所以当管路阻力变化时，风量变化不大。②风量增大时，风压下降快，因此功率变化缓慢。③后弯式风机相对于前弯式风机效率较高。④风机产生的风压低，因此在同样的风量、风压下，后弯式风机的尺寸较大。

当然，风机性能与叶片的形状、叶片宽度、出口角大小、进风口直径与叶轮外径之比（d_2/d_1）等参数有直接的关系，相互间干扰因素多。设计时合理选择各参数，通过优化设计可兼顾两者优点。

风机部件主要包括风机前、后壳和叶轮。风机壳的材料有铸铝、铁皮和工程塑料。叶轮材料有铸铝、铝板铆结、工程塑料。各种材质的风机其优缺点见表3-1。

表3-1 风机材料对比表

项目	风机壳			叶轮		
	铸铝	铁皮	工程塑料	铸铝	铁皮	工程塑料
刚性	好	较好	一般	好	较好	一般
耐腐	好	差	好	好	好	好
重量	重	重	轻	重	轻	轻
价格	高	较高	低	高	高	低

背负机的风机工作转速较高，在风机进风口最好装有进风网罩，以防止异物吸入风机内，造成零件损坏和人员伤害。

3. 药箱总成。药箱总成的功用是盛放药液（粉），并借助引进的高速气流进行输药。主要部件有：药箱盖、滤网、进气管、药箱、粉门体、吹粉管、输粉管及密封件等。为了防腐，其材料主要为耐腐蚀的塑料和橡胶。

药箱的形状应有利于排净药液（粉），减少箱内的药液（粉）残留。药箱的壁厚应均匀，表面平整光滑，强度好。药箱总成各连接部分应具有良好、可靠的密封。在10千帕的气压下，不得有泄漏，以保证正常输液（粉）。

背负机既可喷雾，又可喷粉，药箱只需更换少许零件就能胜任两种作业要求。下面以WFB—18AC型背负式机动喷雾喷粉机药箱总成为例，按两种作业状态介绍药箱总成各零件的功用。

（1）喷雾作业：喷雾作业时的药箱总成见图 3－4。药液经滤网加至药箱容积的 4/5 左右为最佳。作业时，由风机引风管引出的少量高速气流，由进气塞经进气管到出气塞，进入药箱，并在药液上部形成一定的压力，迫使药液经开关流出。

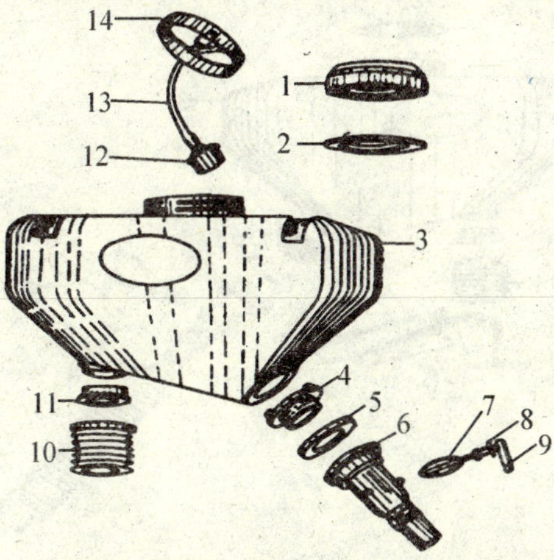

图 3－4　喷雾作业时的药箱总成

1. 药箱盖　2. 密封圈　3. 药箱　4. 压紧螺圈　5. 密封垫　6. 粉门　7. 密封垫　8. 压紧螺丝　9. 粉门轴焊合　10. 接风管　11. 进风胶　12. 进气塞　13. 进气管　14. 过滤网

药箱内气压大小直接影响喷雾量的大小。因此药箱盖处应密封可靠。药箱口应平整，无裂痕、飞边。药箱盖胶圈用发泡橡胶制成，有一定的压缩余量，保证密封可靠。

滤网的作用是过滤药液中的杂质，以防堵塞开关、喷头等。

（2）喷粉作业：喷粉作业时的药箱总成见图 3 - 5。药箱内加入药粉。作业时，由引风管引出的少量高速气流从吹粉管上的小孔吹出，使药箱中的药粉松散，以粉气混合状态吹向粉门体。

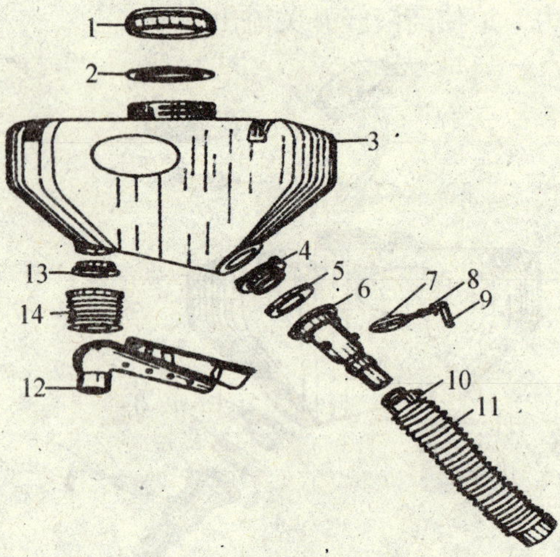

图 3 - 5　喷粉作业药箱总成

1. 药箱盖　2. 密封盖　3. 药箱　4. 压紧螺圈　5. 密封垫　6. 粉门体　7. 密封垫　8. 压紧螺丝　9. 粉门轴焊合　10. 喉箍　11. 输粉管　12. 吹粉管组装　13. 进气胶圈　14. 接风管

粉门体组件的作用是控制输粉量的大小。它由粉门操纵杆、粉门拉杆、粉门轴、挡风板、粉门体、粉门压紧螺母、密封垫等部件组成。上下拉动粉门操纵杆，带动粉门拉杆上下位移，引起粉门体上粉门轴和轴上的挡风板转动，改变粉门体处流通截面的大小，即改变输粉量。

装配时，扳动粉门操纵杆，观察挡风板的位置。当粉门操纵杆处于最下位置时，挡风板应封闭粉门体的截面，防止在转移地块期间机具高速工作时药粉漏出。而当粉门操纵杆在最高位置时，挡风板应与粉门体下粉方向平行，以获得最大流通截面。否则应通过调节粉门拉杆长短来调整。

4. 喷洒装置。喷洒装置的功用是输风、输粉和药液。主要包括弯头、软管、直管、弯管、喷头、药液开关和输液管等（图3－6）。

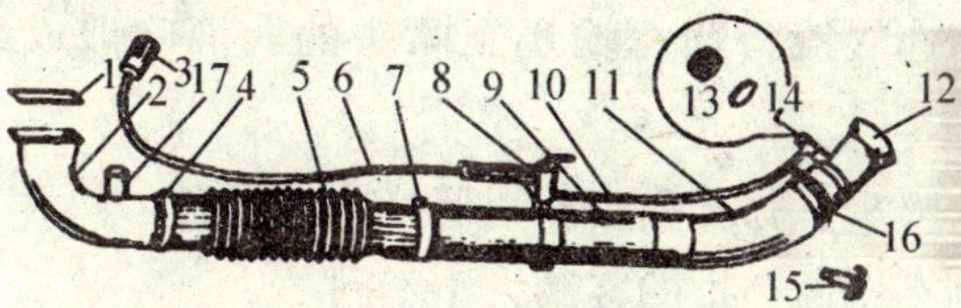

图3－6 喷洒装置

1. 垫圈 2. 弯头 3. 出水塞 4. 喉箍 5. 软管 6. 输液管 7. 喉箍 8. 喷管手把组合 9. 直管 10. 输液管 11. 弯管 12. 喷管 13. 压盖 14. 密封垫 15. 喷嘴 16. 喉箍 17. 下粉口胶塞

（1）弯头的功用是改变风机出口气流的方向，并产生一定的负压（吸力）以利于输粉。有部分机型为不破坏风机内部完整流道，在弯头处开有引风口，引出少量高速气流进入药箱。少数机型粉门开关也设计在弯头上。

（2）软管（也称蛇形管）的功用是在作业时可

任意改变喷洒方向。软管材质一般为塑料，目前也有橡胶制造的，以提高其抗老化性和低温作业时的弯曲能力。

（3）直管和弯管主要是为增加整个喷管的长度。一般从弯头至喷头出口整个喷管的长度应大于1米，以减轻作业时药液（粉）对作业人员的侵害。弯管的另一作用是药液（粉）从喷口喷出时，出口方向略向上斜，雾流呈抛物线状，有利于雾滴落入植物中、下部。

（4）喷头功用是在喷雾作业时起雾化作用。即利用高速气流将药箱输送至喷头的药液吹散成细小雾滴。

喷头有弥雾喷头和超低量喷头两种。两者之间的差别在于所产生的雾滴大小不同。

①弥雾喷头的雾滴体积中径（VMD）在100微米左右。其喷嘴形式有许多种，下面举两种典型实例。

A. 固定叶轮式弥雾喷嘴（图3－7（a））。在喷嘴体的外圈均布着8个叶片，叶片扭曲形成一定的角度。在每一叶片前端有一直径为3～4毫米的喷孔。

B. 阻流板式喷嘴（图3－7（b））。它由喷嘴座和喷嘴盖等组成，用螺钉固定在一起。

两种弥雾喷头结构虽然不相同，但雾化原理基本一致。由风机出口流出的高速气流经喷管至喷头。由于喷头处截面积变小，使得流经的气流速度增加，并在喷嘴周围形成负压。药液在药箱内压力和喷嘴处的

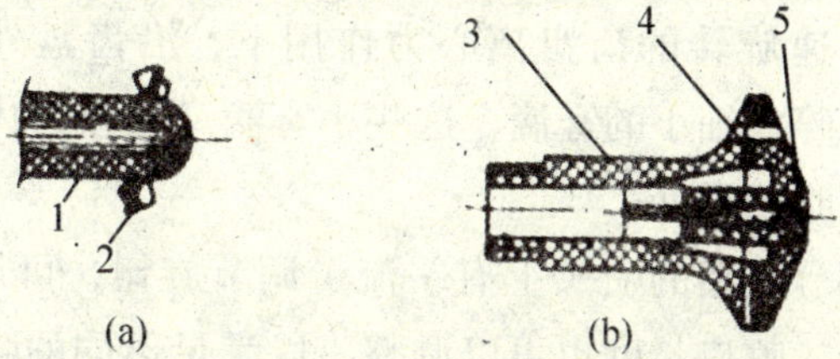

图3－7　弥雾喷嘴

(a) 固定叶轮式　(b) 阻流板式

1. 喷嘴体　2. 叶片　3. 喷嘴座　4. 喷嘴盖　5. 螺钉

负压共同作用下，由喷孔流出，与高速气流相撞，弥散成细小的雾滴，并随风一起吹向远方。

超低量喷头的雾滴体积中径在70微米左右。结构见图3－8。

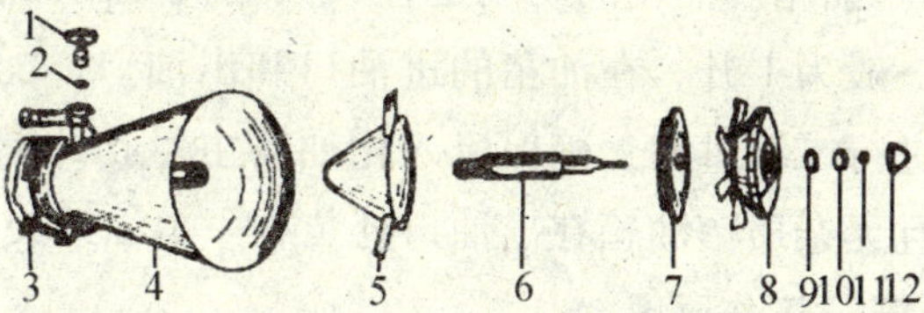

图3－8　超低量喷头

1. 压盖　2. 密封垫　3. 卡环装配　4. 喷口　5. 分流锥

6. 喷嘴轴铸合　7. 分流锥盖　8. 齿盘组装　9. 轴承

10. 轴承　11. 螺母　12. 轴承压盖

②超低量喷头的工作原理是由风机产生的高速气流，从喷管流到喷头后遇到分流锥，从喷口以环状喷出，喷出的高速气流驱动叶轮，使齿盘组装高速旋转，同时药液由药箱经输液管进入空心轴，从空心轴上的孔流出，进入前、后齿盘之间的缝隙，于是药液

就在高速旋转的齿盘离心力作用下，沿齿盘外圆抛出，破碎成细小的雾滴。这些小雾滴又被喷口内喷出的气流吹向远处。

部分机型的喷头上有一流量调节旋钮，可调节4挡流量。喷口长度也可以调整，以满足不同的喷洒要求。

5. 配套动力。背负机的配套动力都是结构紧凑、体积小、转速高的二冲程汽油机。

目前国内背负机配套汽油机的转速为5 000～7 500转/分，功率为1.18～2.94千瓦。汽油机质量的好坏直接影响背负机使用的可靠性。

6. 油箱。油箱的功用是存放汽油机所用的燃油，容量一般为1升。在油箱的进油口和出油口，配置滤网，进行二级过滤，确保流入化油器主量孔的燃油清洁，且无杂质。油箱在出油口处装有一个油开关。

（三）工作原理

背负式喷雾喷粉机是由汽油机带动离心风机高速旋转，产生高速气流，实现气流输粉、气压输液和气力雾化。由于背负机种类较多，结构略有不同，但其工作原理基本相似。下面以产量较多的WFB—18AC型背负式机动喷雾喷粉机为例，介绍其工作原理。

1. 喷雾。如图3－9所示，离心风机与汽油机输出轴直连，汽油机带动风机叶轮旋转，产生高速气流，并在风机出口处形成一定压力，其中大部分高速气流经风机出口流经喷管，而少量气流经出风筒、进气塞、进气管、过滤网组合流进药箱内，使药箱中形成一定的气压。药液在压力的作用下，经粉门、出水塞、输液管、开关流到喷头，从喷嘴周围的小孔以一定的流量流出，其先与喷嘴叶片相撞，初步雾化，再与高速气流在喷口中冲击相遇，进一步雾化，弥散成细小雾粒，并随气流吹到很远的前方。

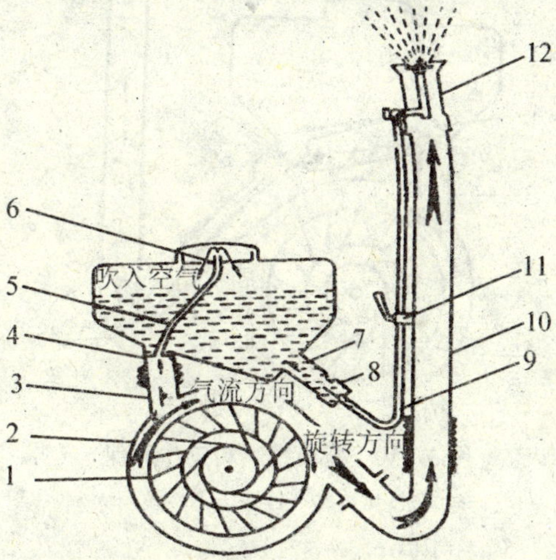

图 3－9　背负机喷雾工作原理

1. 叶轮　2. 风机壳　3. 出风筒　4. 进气塞　5. 进气管
6. 过滤网组合　7. 粉门体　8. 出水塞　9. 输液管　10. 喷管
11. 开关　12. 喷头

2. 喷粉。如图 3－10 所示，和喷雾一样，汽油机带动风机叶轮旋转，大部分高速气流经风机出口流经喷管，而少量气流经出风筒进入吹粉管，然后由吹粉管上的小孔吹出，使药箱中的药粉松散，以粉气混合状态吹向粉门体。由于弯头下粉口处有负压，从而将粉剂吸到弯头内。这时粉剂被从风机出来的高速气流，通过喷管吹向远方。

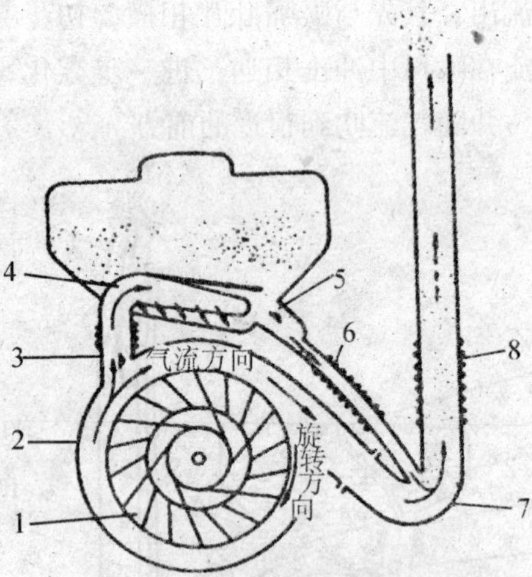

图 3-10　背负机喷粉工作原理

1. 叶轮　2. 风机壳　3. 出风筒　4. 吹粉管

5. 粉门体　6. 输粉筒　7. 弯头　8. 喷管

（四）典型机型的结构

目前国内背负机品种有 10 种左右。其相互间除功率、风机型式不同外，某些局部结构也存在一定的差异。这里就几种具有代表性的机型分别介绍其结构原理和使用方法。

1. WFB—18AC 型背负机。WFB—18AC 型背负机是我国 20 世纪 60 年代开始生产的第一代背负机。配套动力为 1E40F 型汽油机，标定功率为 1.18 千瓦，转速为 5 000 转/分。风机形式为后弯式长叶片，叶轮直径为 190 毫米。

（1）结构特点。该背负机的结构特点为体积大，重量重，且铁皮风机壳耐腐蚀性差。

（2）性能特点。该背负机的性能特点为喷幅较宽，雾滴直径为 100 ~ 130 微米。

（3）结构原理。在风机壳上开有一引风口，引出少量气流至药箱，喷液时使药箱内增压，喷粉时吹动粉剂。

（4）使用方法。WFB—18AC 型背负机生产厂家多，产量大，其社会保有量和年产量均占市场份额的 75% 以上。生产厂家针对这种背负机存在的缺点，在材质和结构上做了不断改进。目前一种方法是在不改变风机结构和性能的条件下，风机壳和叶轮改用工程塑料制作，提高风机的耐腐蚀能力，整机质量也减少了 1 ~ 1.5 千克，这种形式目前正逐步被用户所接受。第二种方法是改风机结构形式为紧凑、体积小的前弯式短叶片。叶轮直径由 290 毫米缩小为 210 毫米，质量减少 1.5 ~ 2 千克。

2. 蜻蜓牌 3MF—26 型背负机。3MF—26 型背负机配套动力为 1E40FAP 型汽油机，标定功率为 1.47 千瓦，转速为 6 000 转/分。风机形式为前弯长叶片，叶轮直径为 220 毫米。

（1）结构特点。该背负机结构紧凑，重量轻，采用铸铝的风机壳和叶轮，强度高；耐腐蚀。

（2）性能特点。该背负机的性能特点为射程远，雾滴细，分布均匀。雾滴直径85～100微米。

（3）结构原理。在风机出口处的弯管上插有一引风管，小部分高速气流经进气软管、管接头进入药箱，喷液时使药箱内增压，喷粉时吹动粉剂。另外在后半风机壳上开有数个小孔，引出部分气流，冷却发动机。

该种结构的优点是风机流道完整，结构简单。风雷—Ⅱ型、3MF—2A型背负机等均采用该种结构。

（4）使用方法。3MF—26型背负机启动后，油门在最低位置时为高速工作状态。最高位置为额定工作状态。停机须揿发动机旁的红色停机按钮。

3．泰山牌3WF—3型背负机。该机是山东临沂农业药械厂于20世纪80年代末引进日本小松公司的技术生产的。配套动力为1E40FP—3Z型汽油机，标定功率为2.1千瓦，转速为7 500转/分，风机形式为半开式叶轮。

（1）结构特点。该背负机采用全塑结构，重量轻，耐腐蚀；叶轮为半开式铸铝结构，制造工艺简单；输粉管为内置式，整机外形整洁美观；喷管与风机壳采用旋转方式连接，操作灵活方便。

（2）性能特点。该背负机的性能特点为风量大、雾滴分布均匀。但半开式风机的效率低，与同等功率的机型相比，射程较近。

（3）结构原理。风机壳与药箱底部间有一连接体

（也称闸阀体），部分高速气流经闸阀体至喷雾盖板，又经进气胶管到药箱上部，起到了增压输液的作用。另外，在后半风机壳上，开有两个进风口，引出部分气流冷却发动机和磁电机。

喷雾状态和喷粉状态药箱的不同处在于：①要更换药箱下的盖板（图 3－11）；②用接管压盖和接管（图 3－12）换下药箱下盖（图 3－13）。

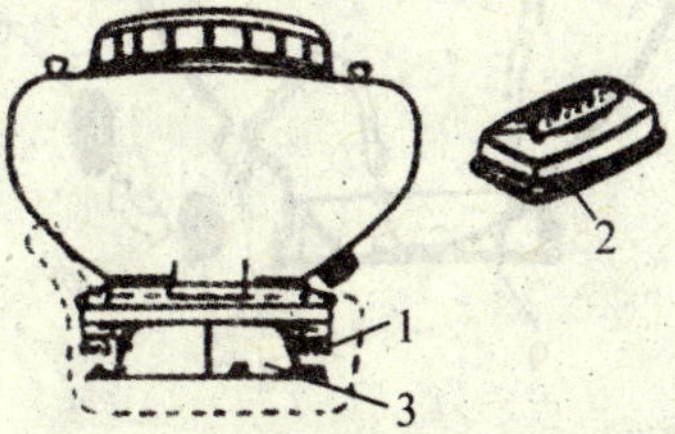

图 3－11　喷雾盖板和喷粉盖板

1. 蝶形螺母　2. 喷粉盖板　3. 喷雾盖板

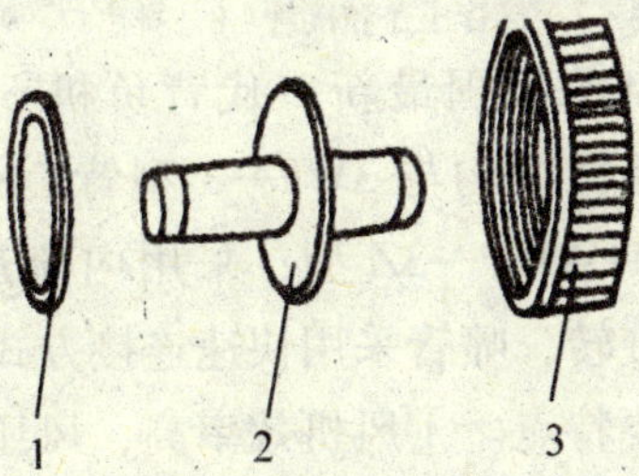

图 3－12 接管压盖和接管

1. 药箱下盖密封圈　2. 接管　3. 接管压盖

4. 泰山牌 3WF—2. 6 型背负机：该机是在泰山牌 3WF—3 型背负机的基础上，利用农业部南京农业机械化研究所近年来对高效节能系列风机的研究成

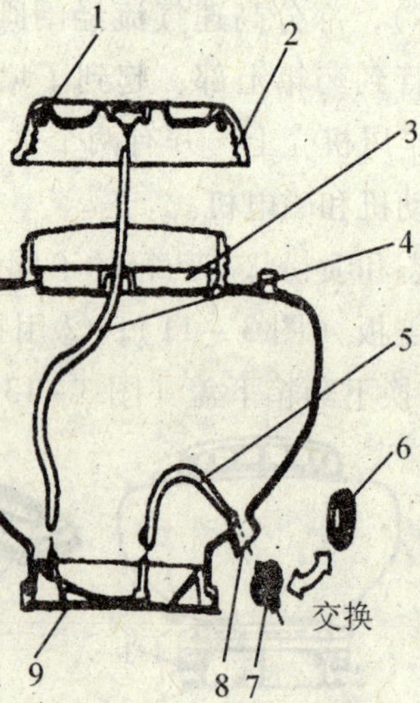

图 3－13 喷雾状态下药箱的装配

1. 药箱盖密封圈 2. 药箱盖 3. 滤网 4. 进气胶管 5. 排液胶管 6. 药箱下盖 7. 接管压盖和接管 8. 排出口 9. 喷雾盖板

果，成功研制的我国最新一代背负机。除风机结构外，其余零部件结构与 3WF—3 型背负机基本相同。配套动力为 1E40FP—3Z 型；采用内流道输粉结构；弯头可 360°旋转，喷管采用快速连接方式。

（1）主要特点。①风机效率高，风压、风量及整机噪声、射程等性能指标优于日本 20 世纪 90 年代同类产品和 3WF—3 型背负机。②机具功率大，功率调节范围宽。设计功率为 1.3 千瓦，转速为 6 000 转/分（喷雾作业挡）和功率为 1.92 千瓦，转速为 6 500 转/分（强力穿透喷粉作业挡）两种作业工况，既保证满足多种防治要求，又提高了各种作业工况下的经济性。在 1.3 千瓦，6 000 转/分喷雾作业挡工作时，其油耗较喷粉工况低 50% 左右，较 WFB—18AC 型背负机作业工况低 10% ~20%。

（2）喷粉量控制。除粉门操纵手柄外，在闸阀体摇臂上有三个孔（图 3 – 14），变换孔的位置可以改变喷量大小。

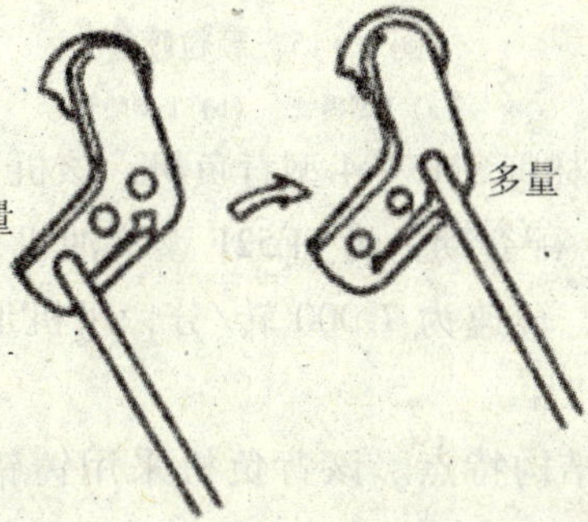

图 3 – 14　闸阀体摇臂的三个孔

（3）喷洒（撒）部件。3WF—2.6 型背负机配有多种喷洒（撒）部件，用户可根据作业要求选用。①喷粉喷粒用薄膜喷管：除薄膜喷粉管外，还配有带挡板结构的薄膜喷管，适用于喷撒颗粒剂和粉剂，有 20 米、30 米和 40 米长度三种规格。②颗粒喷管：有 I 型和 T 型两种。I 型喷管长为 3.5 米，用于向单侧喷撒；T 型喷管长为 7 米，用于向两侧喷撒（图 3 – 15）。③扇形喷管：适应于高效率的喷撒颗粒状化肥、农药，大田或零星地块都很适宜，最远喷撒距离达 17 米。④圆形喷头：适用于农林作物根部喷撒颗粒状化肥和农药。⑤扇形喷头：适用于不同地形、地块，喷撒颗粒状化肥、农药，喷撒幅面宽，效率高。

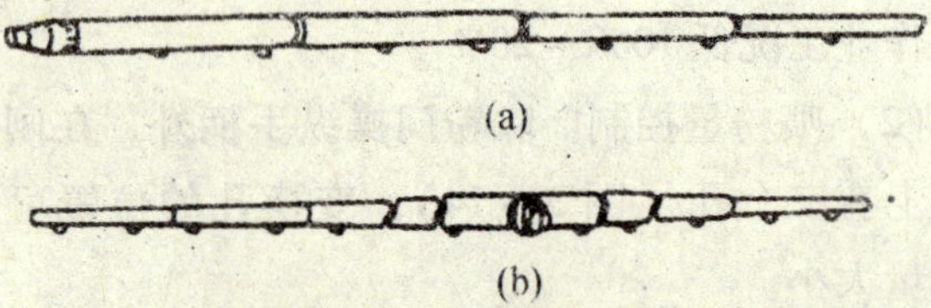

图 3－15　颗粒喷管

(a) I 型喷管　(b) T 型喷管

5. 峰林牌 3MF—4 型背负机。该机是由西北林机厂生产的，配套动力为 1E52F 型汽油机，额定功率为 2.94 千瓦，转速为 7 000 转/分，风机形式为前弯式不等距短叶片。

(1) 结构特点。该背负机采用铸铝风机壳和叶轮，强度高、耐腐蚀性能好。化油器为泵膜式，机具在倾斜位置能正常工作。适合山地林区工作。

(2) 性能特点。该背负机的性能特点为功率大，射程远，雾化好。可用于防治高乔木林、果树林等，但噪声略高。

(3) 结构原理。该背负机的结构原理与 18 型背负机基本一致。

(4) 使用方法。喷雾及喷粉作业状态装配图见图 3－16、图 3－17。与其他机型不同，3MF—4 型背负机的粉门安装在药箱底部，为两片开数条矩形槽口的钢板。槽口相对为粉门最大开度，槽口完全错开为全闭。安装时要端正可靠，开闭灵活。

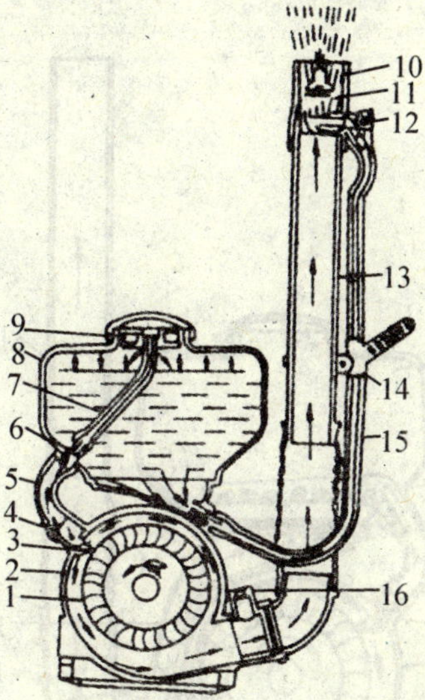

图3－16　3MF－4型背负机喷雾作业状态

1. 叶轮　2. 风机壳　3. 引风管　4. 风门　5. 上风管　6. 增压管接头　7. 增压管　8. 药箱　9. 过滤器　10. 喷雾头　11. 喷嘴　12. 阀门　13. 直喷管　14. 手把开关　15. 输液管　16. 风机塞

（五）背负机操作步骤及使用注意事项

机具作业前应先按汽油机的有关操作方法，检查其油路系统和电路系统后进行启动，确保汽油机工作正常。

1. 喷雾作业步骤。机具处于喷雾作业状态，加药前先用清水试喷一次，保证各连接处无渗漏；加药时不要过急过满，以免药剂从过滤网出气口溢进风机壳里；药液必须干净，以免喷嘴堵塞；加药后要盖紧药箱盖。

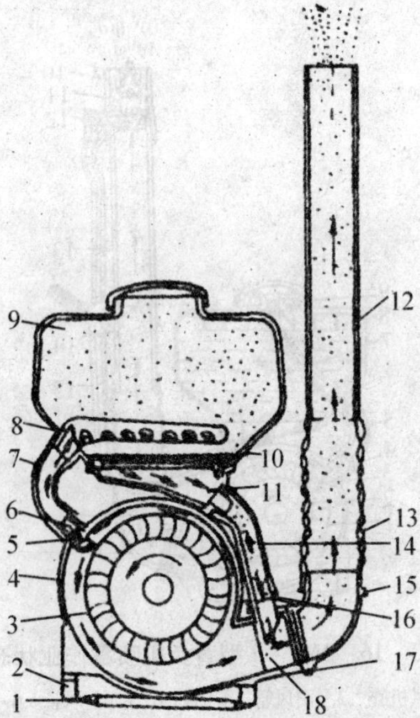

图 3－17　3MF－4 型背负机喷粉作业状态

1. 机架　2. 减震垫　3. 叶轮　4. 风机壳　5. 引风管　6. 风门　7. 上风管　8. 吹粉管　9. 药箱　10. 粉门　11. 粉缸　12. 直喷管　13. 蛇形管　14. 输粉管　15. 风机弯头　16. 下粉管　17. 压圈　18. 喷管

启动发动机，使之处于怠速运转。背起机具后，调整油门开关使汽油机稳定在额定转速左右，开启药液手把开关即可开始作业。

喷药时应注意：

①开关开启后，严禁停留在一处喷洒，以防对植物产生药害。

②背负机喷洒属飘移性喷洒，应采用侧向喷洒方式，以免人身受药液侵害。

③喷药前首先校正背机人的行走速度，并按行进速度和喷量大小，核算施液量。喷药时严格按预定的喷量大小和行走速度进行。前进速度应基本一致，以保证喷洒均匀。

④大田作业喷洒可变换弯管方向，喷洒灌木丛时可将弯管口朝下，防止雾粒向上飞扬。

2. 喷粉作业步骤。机具处于喷粉作业状态，关好粉门后加粉。粉剂应干燥，不得含有杂草、杂物和结块。加粉后旋紧药箱盖。

启动发动机，使之处于怠速运转。背起机具后，调整油门开关使汽油机稳定在额定转速左右。然后调整粉门操纵手柄进行喷撒。

使用薄膜喷粉管进行喷粉时，应先将喷粉管从摇把绞车上放出，再加大油门，使薄膜喷粉管吹起来。然后调整粉门喷撒。为防止喷管末端存粉，前进中应随时抖动喷管。

在背负机使用过程中，必须注意防毒、防火、防机器事故发生，尤其是防毒应十分重视。因喷洒的药剂浓度较手动喷雾器大，雾粒极细，田间作业时，机具周围形成一片雾气，很易吸进人体内引起中毒。因此必须从思想上引起重视，确保人身安全。作业时应注意：

①背机时间不要过长，应以 3 ~ 4 人组成一组，

轮流背负，相互交替，避免背机人长期处于药雾中吸不到新鲜空气。

②背机人必须佩戴口罩，口罩应经常洗换。作业时携带毛巾、肥皂，随时洗脸、洗手、漱口、擦洗着药处。

③避免顶风作业，禁止喷管在作业者前方以八字形交叉方式喷洒。

④发现有中毒症状时，应立即停止背机，求医诊治。

本机工作药液浓度大，喷洒雾粒细，除注意人身安全外，还应注意防止植物中毒，产生药害。此外背负机用汽油作燃料，应注意防火。

（六）背负机的调整

WFB－18AC 型和 WFB－18BC 型背负机可按下列方法调整。

1. 汽油机转速的调整。机具经修理或拆卸后需要重新调整汽油机转速。

（1）油门为硬连接的汽油机

①安正并紧固化油器卡箍。

②启动汽油机，低速运转 3～5 分钟，逐渐提升油门操纵杆至上限位置。若转速过高，旋松油门拉杆上面的螺母，拧紧拉杆下面的螺母；若转速过低，则反向调整。

（2）油门为软连接的汽油机

当油门操纵杆置于调量壳上端位置，汽油机仍达不到标定转速或超过标定转速时，应按以下方法进行调整（图3－18）：

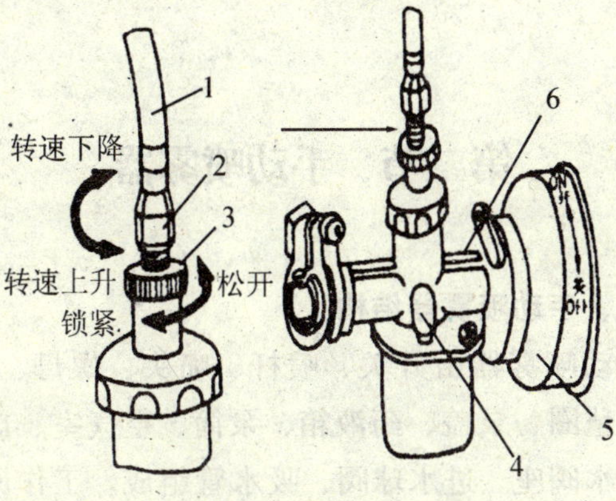

图3－18　转速调整示意图

1．油门绳　2．调整螺钉　3．锁紧螺母　4．加浓杆
5．空气滤清器　6．阻风门手柄

①松开锁紧螺母。

②调整螺钉向下旋，转速下降；向上旋，转速上升。

③调整完毕，拧紧锁紧螺母。

2．粉门调整。当粉门操纵手柄处于最低位置，粉门关不严，有漏粉现象时，按以下方法调整粉门：

①拔出粉门轴与粉门拉杆连接的开口销，使拉杆与粉门轴脱离。

②用手扳动粉门轴摇臂，迫使粉门挡粉板与粉门体内壁贴实。

③粉门操纵杆置于调量壳的下限，调节拉杆长度

(顺时针转动拉杆，拉杆缩短；反之拉杆伸长)，使拉杆顶端横轴插入粉门轴摇臂上的孔中，用开口销固定住。

第二节　手动喷雾器

一、手动喷雾器结构

手动喷雾器由开关、喷杆、喷头、螺母、皮碗、活塞、毡圈、泵盖、药液箱、泵筒、空气室、出水球阀、出水阀座、进水球阀、吸水管组成。工作原理是当摇动手柄时，连杆带动活塞杆和皮碗，在泵筒内做上下运动。当活塞杆和皮碗上行时，出水阀关闭，泵筒内皮碗下方的容积增大，形成真空，药液箱内的药液在大气压力的作用下，经吸水滤网，冲开了进水球阀，涌入泵筒中。当手柄带动活塞杆和皮碗下行时，进水阀被关闭，泵筒内皮碗下方容积减少，压力增大，所贮存的药液即冲开出水球阀，进入空气室。由于活塞杆带动皮碗不断地上下运动，使空气室内的药液不断增加，空气室内的空气被压缩，从而产生了一定的压力，这时如果打开开关，气室内的药液在压力的作用下，通过出水接头，压向胶管，流入喷杆，经喷孔喷出。

二、手动喷雾器的正确使用

每次进入田间作业时，要估算喷洒的药液量，尽量确保能够将药液箱内的药液喷洒干净。然后根据农艺要求稀释药液。此时要注意：无论使用喷雾器喷洒除草剂、叶面肥还是农药，都应当先在其他容器里将药液稀释好，兑农药的水尽量用硬度小、杂质少的清水。严禁直接喷洒剧毒农药、未经稀释的农药和禁止使用的农药。向药液箱中加入药液时，一定不能图省事儿，必须用滤网对药液进行过滤，以免造成喷头堵塞，带来更大的麻烦。经药桶内盛放药液时不要过满，以免溢出的药液污染施药人员的身体。进入田间进行喷施农药作业时，应戴好口罩和手套等安全防护用具，有条件的最好穿上防护服。将喷雾器背好后，摇动摇杆待空气室内压力达到工作压力时，以每走4~6步摇动摇杆1次的频率进行行走和操作。确定喷头距离把标的高度，手动喷雾器株顶定向施药喷头离作物30~40厘米。使用手动喷雾器除了要达到施药的目的外，还必须注意防止药物中毒，万万不可粗心大意，要确保人身安全。由于喷雾器雾粒细小，自然风的大小和方向会直接影响喷药效果和人身安全。喷洒药液时，操作人员的走向应与风向垂直，作业顺序应从整个地块的下风一边开始。如有偏斜，风向和走向的夹角不能小于45°，绝不能顶风作业。喷洒作业行走路线应为隔行侧喷，当喷完第一行后，喷第二行时，应行走在第二行与第三行之间，这样可以避免药液黏附在身体上而引起中毒事故。若是为了省事，在身前左右摆动喷杆，人在施药区内穿行，便容易引起中毒。几台机具同时喷洒时，应采用梯形前进，下风侧的人先喷，以免人体接触农药。塑料大棚作业后，如果人员要进入，需经充分通风后，方可进入。

第三节　新型喷雾器

一、静电喷雾器

静电喷雾器是一种将先进的静电技术运用于农作物植保上的新型农药喷洒机械。其原理是运用专门设计的静电发生器，在喷头和大地之间形成一个高压静电场，由泵从药液罐中泵出的药液经喷头喷出，变为带有负电荷的雾滴，极易被定向吸附到带有正电荷的被喷洒作物的各个部位。由于所喷出的雾滴带有静电，加上喷出的药液雾滴较小、覆盖密度高，着落均匀、吸附性极强，不但能使目标作物的正面均匀受药，而且在作物的反面和隐蔽部位均能均匀受药，这是目前其他喷雾器所无法做到的。同时，由于雾滴细且吸附力强，在微风情况下，药液基本都能被吸附在目标作物上，因此杀虫与消毒效果较好。与其他植保机具相比，该机具具有省药、省水、省工、环保、效果好、轻巧等一系列显著优点。其优点具体表现为：

（一）操作方便，药液喷洒效果好

由于有良好的雾化效果和静电的吸附作用，喷头只需在被喷洒作物的上方正常进行喷雾操作。除作物

叶片的正面有很好的微细雾滴均匀覆盖外，静电的吸附作用还能克服重力的影响，使药液雾滴吸附到叶片的背面和隐蔽部位，不需要像一般喷雾器那样“二翻一扣，四边打透”，费时费工。

（二）吸附效果好，药效长，达到省工、省药效果

药液雾滴的静电吸引力是重力的 70 倍左右，因此药液不易流失，药液有效期会延长一倍。同时药液粒微小，附着密度将会提高，这样既减少了用药，又提高了施药效果。用药量可减少 50% 以上，从而达到节省人工和药物的目的。

（三）优良的环保效果

应用静电喷雾器施药技术，不但能使喷药次数减少，而且每次用药量和所喷洒的药液流失量都会大大减少，在农作物上的药液残留量和对土壤及水源的污染程度都会得到很大的改善，具有很好的环保效果。

（四）工作效率高

由于减少了喷雾用水量，每天每人可完成 20 亩（1 亩 = 666.67 平方米）作物的用药喷洒，是传统喷雾器的 4 倍，是高压弥雾机或普通电动喷雾器的 1 倍，从而节省了人工费用。

二、水旱两用喷雾器

水旱两用喷杆喷雾机具有喷幅宽、容量大、作业效率高、性能更加好的特点，是理想的乘坐式田园管理机械。其具体特点表现为喷雾雾化效果好，且防漂移；分段设计的锻铝防腐处理喷杆，可自动伸缩，操

作方便；独特的三缸分流阀设计配置，可控制性好，结构紧凑，美观大方，实用性极佳。

(一) 性能指标（表3-2）

表3-2 性能指标

<table>
<tr><th colspan="2">名称</th><th>规格</th></tr>
<tr><td colspan="2">型号</td><td>3WSH-1000</td></tr>
<tr><td>机体尺寸（毫米）</td><td>全长
全幅
全高</td><td>3 700
1 550（作业时：标准9 150，加长12 750）
2 900（作业时1 520）</td></tr>
<tr><td>重量（千克）</td><td></td><td>800（包含本机）</td></tr>
<tr><td>动力喷雾机</td><td>形式
使用回转数
吸水量
使用压强
动力传达方式</td><td>3WZ-70A
低速 630 转/分，高速 780 转/分
63 升/分
1~2 兆帕
全能连接</td></tr>
<tr><td>喷洒幅度（毫米）</td><td></td><td>8 950</td></tr>
<tr><td>药箱</td><td>容量（升）
搅拌方式</td><td>400
分类搅拌方式</td></tr>
<tr><td>供水泵</td><td>形式
吸水量
使用压强</td><td>射流泵
100 升/分
3 兆帕</td></tr>
<tr><td>喷雾机主行端数</td><td></td><td>1 挡低速~2 挡高速</td></tr>
<tr><td>作业能率（亩/小时）</td><td></td><td>75~100</td></tr>
</table>

(二) 喷雾装置

1. 喷头（图3-19）。

①扇形喷头：包括喷头体、过滤器、喷嘴、喷头帽。

②锥形喷头：包括喷头体、过滤器、涡流、喷头片。

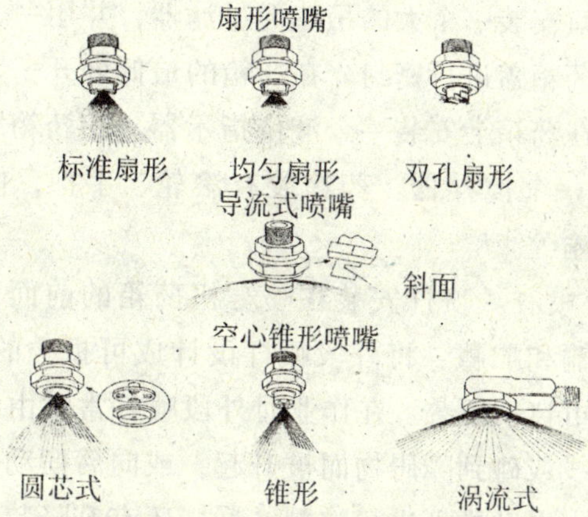

图 3-19 喷头

2. 药箱（图 3-20）。

药箱一般容量比较大，大容量药箱可以提高喷雾机的工作效率，减少加水等辅助时间，其容量为 1 000 升。药箱上应有一个大的加水开口（直径大于 300 毫米）。

图 3-20 药箱

在药箱口安装一个大的吊篮形过滤器，并用一个紧密配合的药箱盖进行密封。在药箱的最低处开一个放水孔，并在药箱上安装一个液位指示器。在药箱底部还须安装一个搅拌器。药箱装有滚轮、手把，便于放置、运输等。

3. 喷杆。喷杆安装在喷雾机药箱的前面，为了便于运输和贮藏，将外段喷杆设计成可折叠的3段，前2段可自动折叠。在作业时外段喷杆常常由于超出作业路线或碰到障碍物而被升起，或向后摆动，喷杆的位置由电动推杆进行控制。喷杆还有升降装置，便于调整喷头高度。喷杆的材料为铝合金材质，坚固耐腐蚀。

4. 安全使用要领

(1) 药箱加水

药箱加水时的注意事项为：①往药箱中注入15升左右的水，在没有水的状态下回转会对火花塞造成损伤，除放水作业以外绝不可以空回转。②不要接触泵的高压侧管分配器的球阀。③打开药箱盖，将泵的吸入管放入滤网辅助板的口处。泵的吸水部完全放入水中，地面有沙子、泥土的地方供水时，应放入桶中，防止沙子、泥土等异物质的混入，保持水的洁净。④分配器的球阀完全关闭时，将主机启动，P、T、O于低速或高速后压力达25兆～3兆帕时，将调压调向加压方向，并且将泵的球阀打开。⑤向药箱内供水开始后注入药液时将搅拌器口用球阀打开，药液应首先在小桶中混合后从机箱入口滤网注入，加满水后关闭泵用球阀，拆掉吸入管。

（2）喷洒作业

喷洒作业的操作步骤为：①喷洒作业时应穿着防毒面具及保护装置，防止皮肤直接接触药液；②将喷杆水平伸长展开；③P、T、O 于低速或高速汽油机回转数全达到高速；④利用调压手把对照喷洒对照表，调整使用压力；⑤根据作业速度调整挡速；⑥将各喷杆的球阀打开，开始喷洒；⑦作业中发动机的回转可根据需要左右调整；⑧作业中回转时，旋四轮调向，以使作物的损伤达到最小。

（三）维修点检

1. 注入黄油。使用前为防止动力喷雾机包处磨损，一定要用黄油注入机注入优质的黄油。

2. 更换箱体油。如果箱体内掺入水或其他异物，请一定要更换机油，容量及种类请参照前面的使用方法。

3. 气室排水。长时间使用气室内流入空气后，须停止动力喷雾机，将送出口阀和泵阀打开使其排水。

4. 螺纹部，给水滤网等部位的防尘。调压阀门、水箱下面的三向阀、其他操作上需要修理的地方分解时螺钉处涂抹黄油，以使长时间存放达到防尘的效果。

5. 停止作业后处理。①停止喷洒后，水箱底的三方向阀调到排水位置后打开，以便箱内药液全部排出。对于残留药液的处理要多加注意。

②药液排出后往箱内注入30升干净的水进行喷雾，并将喷管，分配器，喷雾机附件，喷嘴等清洗干净。

③为了保证排水作业时分配器的各球阀及泵阀敞开，P、T、O应于低速或高速的位置空回转1分钟。

④喷杆及机体残留的药液应充分清洗干净，确认各滤网是否有损伤，防止下一次使用时出现不便。

（四）保管要领

1. 注意事项

①为防止发生冻结，在寒冷地区使用完后一定要将药液排出。

②在室内不被冻结的地方对其进行保管。

③如果冻结了，请在机器的缸体处倾倒开水，使其慢慢化冰，但要注意不要让水流入箱体内。

④配管、分配器、喷杆等也使用上述相同的方法化冰。

2. 长期保管

①保管时请将管的连接部位全部分解，将水完全排出。水排出后为防止异物的进入，应套上护罩于安全的地方保管。

②将注油口向上水平放置。

③露出的轴及螺纹处涂抹黄油后保存。

④喷杆及喷口以安全的状态竖立放置，管线及喷

口部要防止灰尘等异物的进入，应特别注意。特别是管线要防止阳光照射，须妥善保管。

（五）安全防护

喷药过程中要十分注意安全防护工作，严格按照技术操作规程进行作业。作业前要备好胶皮手套、工作服、肥皂、毛巾、保护镜和清水等用品。喷洒毒性较大的药剂时，还应准备必要的临时药品和工具，以备急需时使用。

三、烟雾机

烟雾机也称烟雾打药机、喷药机，属于便携式农业机械。烟雾机分触发式烟雾机、热力烟雾机、脉冲式烟雾机、燃气烟雾机、燃油烟雾机等。目前最先进的烟雾机是利用脉冲喷气原理设计制造的新型施药、施肥、杀虫灭菌烟雾机机器。全机无一转动部件，不存在任何情况下的机械磨损，经久耐用。该机可以把药物和肥料制成烟雾状，具有极好的穿透性和弥漫性、附着性好、抗雨水冲刷强、具有操作方便、大幅度减少药物用量、工作效率高、刹虫灭菌好、利于环保等突出特点。其防治高度大于15米，施药的广度为20～50亩/小时，这是其他任何器械都无法达到的。

（一）烟雾机技术特点

1．采用启动泵与雾化器既分离又结合的新技术。只要打开烟雾机点火开关，按下启动手轮，机器即可启动，操作十分简单。

2. 性能稳定中途不停机。本机首次采用真空平吸新技术，不仅机器性能稳定，且不会出现中途熄火及喷火现象，连续工作时间可至燃油耗尽。

3. 先进烟雾机的高效节能首次采用了二次雾化新技术。

4. 烟雾机功率大小可自行调节。其首次采用燃油与空气双向控制新技术，在一定范围内，可根据实际需要，自行调节功率的大小。

5. 绝不会出现着火和药液倒流问题。其首次采用声控自动控制阀新技术，假如因故障中途熄火，声控自动控制阀会在熄火的同时切断输药管路上的药液，从而杜绝了因中途停机出现的喷烟口着火及下次启动困难的问题。

（二）防治病虫害特点

1. 烟雾机产生的雾粒直径很小，防治效果好。多种实验证明，烟雾穿透性可谓无孔不入，能把茂密树冠乃至树皮缝隙内的害虫杀死。

2. 烟雾粒径小，雾粒数也就多。实验证明，单位面积上的雾粒数量越多则防治效果越好。大量雾粒在空中弥漫，分布均匀，大大增加了与病菌和害虫接触的机会，提高了防治效果。在室（棚）内防治时这一优势极为显著。

3. 烟雾颗粒小，具有多向沉积特性，有利于雾粒在枝叶的正反面和虫体的各个方向上沉积，且在小的目标物上沉积率更高，如昆虫的触角和毛等，这是防治虫害效果好的原因之一。

4. 烟雾在空气中弥漫、扩散，呈悬浮状，对杀灭飞行昆虫特别有效。其在防治橡胶树的白粉病和炭疽病上取得了很好的效果，其原因之一是病菌孢子借助空气传播，大量悬浮着的烟雾易与孢子相遇，能抑制漂浮孢子吸器的形成，使其失去浸染和繁殖能力，从而获得良好的防治效果。

5. 烟雾颗粒小，加之是油剂，抗雨水冲刷，因此药效持久，防治效果好，阴雨天气对喷施的烟雾影响不大。

第四节　施药方式

常见的施药方法有：喷雾法、喷粉法、熏蒸法、毒饵法、毒土法、撒粒法、洒滴法、涂抹法、树干注射法和化学灌溉等。

一、喷雾法

喷雾法是利用喷雾机具将农药药液喷洒成雾滴分散悬浮在空气中，再降落到农作物或其他处对象上的施药方法，是农药施用方法中最重要的一种。根据所喷药液的多少分为大容量喷雾法（每亩喷药液 40 升以上）、低容量喷雾法（每亩喷药液 3.33 ~ 13.33 升）、超低容量喷雾法（每亩喷药液小于 0.33 升）等。

二、喷粉法

（一）喷粉法

喷粉法是利用机械所产生的风力把低浓度的农药粉剂吹散后，使粉粒飘扬在空中，再沉积到作物和防治对象上的施药方法。喷粉法使用方便、功效高、粉粒在作物上沉积分布比较均匀，且不需用水，在干旱、缺水地区更为实用。但由于喷粉法所产生的粉粒容易污染环境，喷粉法的使用范围也会日益受到限制。但在封闭的温室、大棚、郁闭度高的森林、果园、高秆作物、生长后期的棉田和水稻田，喷粉法仍然是较好的施药方法。

（二）喷粉法应注意的事项

一是掌握作物有露水时喷粉（早、晚）；二是注意天气变化，当风力超过 1 米/秒时，不宜喷粉。喷粉后 4 小时内如遇大雨，应补施农药。

三、熏蒸法

熏蒸法是利用气态农药或在常温下容易挥发的农药处理产品、密闭空间或者土壤等，杀灭病原菌、害虫或者萌动的杂草种子以及鼠害的方法。

四、毒饵法

毒饵法是由有胃毒作用的农药和饵料拌和而成，主要用于防治鼠害、地下害虫、蝗虫等。注意配制毒饵的饵料必须要选择害鼠、害虫所喜欢吃的食物。

五、毒土法

毒土法是将药剂与适量的细土或肥料均匀拌和制

成毒土，通过人工的方法直接撒于需要用药的目标范围内，叫做毒土撒施法。如水稻本田期施用除草剂、粉剂时，一般都是与肥料混合撒施。

六、施撒法

（一）施撒法

施撒法是将农药与土或肥混合，由人工直接撒施。其优点是农药对天敌的影响小，药剂不漂移；缺点是撒施的均匀度不够，施药后要求不断提供水分，有些颗粒剂的有效成分含量较低，会增加成本。

（二）使用撒施法注意事项

一是要避免植株在有露水时施药，防止引起药害。二是施药要均匀，施药人员要熟练，保证药土和药肥撒施均匀。

七、浇洒法

浇洒法有泼浇和浇根之分。泼浇防治水稻病虫，用粪瓢将稀释药剂喷洒在稻株上，每亩用药 500 千克。浇根是近年来随着土传病虫害的发展而形成的施药方法，对防治根病效果好，方法简单。

八、滴施法

滴施法是稻田化学除草的一种施药方法，在稻田灌溉时，药液随水流扩散，田中保持 3 厘米水层，保水 5～6 天，除草效果好，对水稻安全。

九、注入法

注入法常用于防治经济树木害虫，对植株高大的果树和林木难以用喷雾、喷粉防治害虫时，选用内吸性杀虫剂，用针筒将药液注入树皮内的韧皮部，通过传导将药液分布树体，以控制一些刺吸式口器的害虫。

十、涂抹法

（一）涂抹法

涂抹法是一种新发展的施药方法，利用内吸作用来发挥农药的效能，具有方便简便、工效高、不受水源控制、对天敌影响小等特点。

（二）涂抹法注意事项

一是要了解药剂的性能和防治对象，也要明确药剂对作物是否产生药害；二是涂抹时要掌握植株的涂抹部位以充分发挥药剂应有的防治效果；三是涂抹时的药剂浓度要根据植物的种类、植株大小、气温高低等因素决定。

第五节 新购植保机械注意事项

用户在购机后，首先应认真阅读产品使用说明书，了解掌握背负式喷雾喷粉机的结构和工作原理，有条件的应参加生产厂家或农机管理部门举办的用户培训班。

一、准备

按产品使用说明书正确牢固安装各部件，整机一般以喷雾状态出厂。使用前认真检查火花塞等各连接处是否松脱；检查冷却用空气通道是否被堵死；检查空气滤清器是否脏污；检查火花塞间隙是否在0.6～0.7毫米；轻拉启动器2～3次，观察发动机运转是否正常。

二、运转

1. 加燃油。喷雾机采用的大多是二冲程汽油机，烧的是混合油，即汽油和机油的混合油。汽油为70号或90号，机油为二冲程汽油机专用机油。汽油与机油的混合比一般为30：1（容积比）。汽油、机油均应为未污染过的清洁油，并严格按上述比例配制。配制后要摇晃均匀，经加油口过滤网倒入油箱。

2. 打开燃油阀。开启油门，将油门操纵手柄往上提1/3～1/2位置。

3. 揿加油杆。揿加油杆至出油为止。

4. 调整阻风门。关闭2/3的阻风门，热机启动后可位于全开位置。

5. 拉启动绳启动。启动后将阻风门全部打开，同时调整油门使汽油机低速运转3～5分钟。

若汽油机启动不了或运转不正常，应分别检查电路和油路。简单调整检查方法是：调整断电器间隙在0.2～0.3毫米；调整火花塞电极间隙在0.6～0.7毫米，火花塞电极间有积炭应及时清理；按汽油机使用说明书调整点火提前角；油路应保持畅通。

三、喷雾作业

机具应处于喷雾作业状态，先用清水试喷，检查有无渗漏。然后根据农艺要求及农药使用说明配比药液。药液经滤网加入药箱，盖紧药箱盖。

机具启动后，先低速运转。待背机上身后，调整油门开关使汽油机稳定在额定转速左右，然后开启手把开关。

喷药液时应注意：开关开启后，严禁停留在一处喷洒，以免引起药害；调节行进速度或流量控制开关（部分机具有该功能）控制单位面积喷量。因弥雾雾粒细、浓度高，应以单位面积或单株（较大型植物）喷量为准，且行进速度一致，均匀喷洒，谨防对植物产生药害。

四、停止运转

先将药液开关关闭。然后减小油门使汽油机低速运转，3～5 分钟后关闭油门，关闭燃油阀。

使用过程中应注意操作安全，注意防毒、防火、防机器事故发生。尽量避免顶风作业，操作时应佩戴口罩，一人操作时间不宜过长。

第六节　植保机械的保养与故障排除

一、日常保养

每天工作完毕应按下述内容进行保养：

1. 药箱内不得残存剩余药液。

2. 清理机器表面（包括汽油机）的油污和灰尘。

3. 用清水洗刷药箱，汽油机切勿用水冲洗。

4. 拆除空气滤清器，用汽油清洗滤网。

5. 检查各部位螺钉是否松动、丢失，油管接头是否漏油，各接合面是否漏气，确定机具处于正常工作状态。

6. 保养后的机具应放在干燥通风处，避免发动机受潮、受热导致汽油机启动困难。

喷雾机整机定期保养及长期存放保存除了做好以上几点外，还要卸下火花塞，向汽缸内注入 15 ~ 20 毫升专用机油并将活塞转到上死点。

二、故障及排除方法

1. 发动机启动困难或不能启动（表 6 – 1）。应先检查火花塞是否跳火。旋下火花塞，将火花塞电极接触缸体，拉启动绳，观察火花塞电极间是否产生火花。手不要碰火花塞金属部位，以防触电。

表 6 – 1　发动机启动困难或不能启动

现象		原因	排除方法
无火	火花塞	电极潮湿	干燥处理
		积炭	清除积炭
		电极间隙过大或过小	调至（0.6 ~ 0.7 毫米）
		绝缘损坏	更换火花塞
		电极烧坏	更换火花塞
	磁电机	软线包皮破损	更换或修理软线
		电子点火器损坏	更换电子点火器

续表

现象		原因	排除方法
有火	压缩良好	吸入燃油过量	减少供油
		燃油质量不好	更换燃油
	化油器不供油	油箱无油	加油
		过滤网堵塞	清洗过滤网
		油箱通气孔堵塞	清理油箱通气孔

2. 输出功率不足（表6－2）

表6－2　输出功率不足

现象	原因	排除方法
压缩良好	滤清器的滤片堵塞	清洗滤片
	燃油有水	更换燃油
	发动机过热	停机冷却
	消音器积炭	清除积炭
过热	燃油浓度过低	调节化油器
	汽缸盖积炭	清除积炭
	润滑油质量不好	用专用机油
	没接大软管	接上大软管
有撞击声	燃油不好	更换燃油
	燃烧室积炭	清除积炭
	运动件磨损	检查更换运动件

3. 运转中熄火（表6－3）

表6－3　运转中熄火

现象	原因	排除方法
突然熄火	火花塞引线松脱	接牢引线
	活塞咬死	修理或更换活塞
	火花塞积炭	清除积炭
	无燃油	加油
慢慢熄火	化油器内部堵塞	清洗化油器
	油箱盖通气孔堵塞	清洗通气孔
	燃油有水	更换燃油

4. 停机困难（表6-4）

表6-4　停机困难

现象	原因	排除方法
油门操纵杆在最低位置不熄火	油门绳调节不当	调节油门绳

5. 喷粉故障（表6-5）

表6-5　喷粉故障

现象	原因	排除方法
不出粉（粒）或时有时无	粉门打不开	调整粉门拉杆
	粉剂中混有异物	清除异物
	粉剂结块	砸碎结块
	粉剂潮湿	晒干粉剂
粉门操纵不灵	粉门关不上	调整粉门拉杆
	喷粉板被异物垫住	清除异物
漏粉	药箱底部夹紧板松动	旋紧夹紧板
	粉盖密封圈损坏	更换密封圈
不能调量	粉门调节机构失灵	修理调节机构

6. 喷雾故障（表6-6）

表6-6　喷雾故障

现象	原因	排除方法
不出液或时有时无	喷头开关、调量阀堵塞	清除异物
	输液管堵塞	清除异物
	无压力或压力低	增大压力
漏液	喷雾板安装不对	重新安装
	各接头螺纹处松脱	旋紧接头

第七节　使用植保机械的安全注意事项

操作人员必须年满 18 岁，经过施药技术培训，并熟悉机具、农药、农艺等相关知识。

施药时应做到：穿长袖衣服、穿长裤、穿鞋袜、戴口罩、戴手套。老、弱、病、童、皮肤损伤未愈者及妇女哺乳期、孕期、经期不得进行施药操作。

施药过程中禁止吸烟、饮水、进食。

当清洗或者维修喷雾器时，必须穿戴适当的安全防护服，特别需要系上防护围裙。

施药中，若遇喷头堵塞等故障，应立即关闭截止阀，先用清水清洗喷头，然后戴着乳胶手套进行故障排除。疏通喷孔时应采用毛刷。

施药时，操作人员应站在上风，实行顺风隔行施药。

施药人员每天施药时间不得超过 6 小时，连续施药时间不得超过 4 小时。如有头痛、头昏、恶心、呕吐等现象，应立即离开施药现场，严重者应及时送医院诊治。

操作人员工作全部完毕后应及时更换工作服，并用肥皂清洗手、脸等裸露部分的皮肤，用清水漱口。

参 考 文 献

1. 张玉聚，孙化田，王春生．除草剂及其混用与农田杂草化学防治．北京：中国农业科技出版社，2000.
2. 全国农技推广中心．中国植保手册·水稻病虫防治分册．北京：中国农业出版社，2004.
3. 全国农技推广中心．中国植保手册·水稻病虫防治分册．北京：中国农业出版社，2005.
4. 宁红，秦蓁，罗怀海等．柑橘病虫害绿色防控技术百问百答．北京：中国农业出版社，2009.
5. 中华人民共和国农业部组编．农药施用100问．北京：中国农业出版社，2009.
6. 徐映明．农药施用技术问答．北京：化学工业出版社，2009.
7. 全国农技推广中心．中国植保手册·马铃薯病虫防治分册．北京：中国农业出版社，2010.